Learn Dutch For Beginners Easily! Phrases Edition! Contains Over 1000 Dutch Beginner & Intermediate Phrases: Perfect For Travel - Dutch Language Learning Lessons - Level 1

By

Immersion Languages

Learn Dutch For Beginners Easily! Phrases Edition!	1
Basic Greetings and Well Wishes	5
Basic Travel Phrases	6
At the Restaurant	11
Places to Stay	16
Shopping	19
Conversational Phrases 1	21
Conversational Phrases 2	27
Conversational Phrases 3	35
Conversational Phrases 4	41

Talking About the Weather	46
Religion	48
Thanks be to God - God zij dank	48
Expressions	49
Times and Measurements	53
Dating	55
At the Post Office	59
At The Bank	60
Business	60
At the Hairdresser	62
Emergency/ Medical	63
School	66
Understanding Signs	67
Skiing	67
Day at the Beach	68
Take a dip - Een duik nemen	68
Talking About the House	68

Introduction

So you've always wanted to learn the Dutch language? Well now is the time with our easy to use audio study guide! Dutch is a beautiful language that is spoken as a first language by millions of people around the world. It is the native language for the citizens of the Netherlands as well as for the majority in countries such as Suriname, Aruba, Curaçao and Sint Maarten. Yet, close to 5 million people speak it as a second language. Netherlands literally means 'low lands" and is a small country situated below sea level. It's well known for its picturesque canals, cute houses and windmills. Did you know? The Netherlands is the fifth busiest tourist destination in Europe. Additionally, it is one of the leading European countries for foreign investment. The Netherlands are a highly successful country within the fields of business, import and export.

Dutch language is closely related to German and English. For Dutch speakers, their language is known as Nederlands which denotes its area of origin. The English word Dutch derives from an old Germanic word which means popular, and refers to the fact that the language's precursors served as a standard for the general population during the times when Latin was used as the official language of the ruling Catholic Church. Old Dutch is the language ancestral to the Low Franconian languages, including Dutch itself. It was spoken between the 6th and 11th centuries, continuing the earlier Old Frankish language. The present Dutch standard language is derived from Old Dutch dialects spoken in the Low Countries. A process of standardization started in the Middle Age. In

1585 Antwerp fell to the Spanish army: many fled to Holland, influencing the urban dialects of that province. A linguistic saying therefore is that "The Dutch language was born in Flanders, grew up in Brabant and reached maturity in Holland."

Even though many in the Netherlands speak English, it is important to learn the local language when visiting or living there, otherwise Dutch conversations will pass you by. A whole new world opens when you understand and speak a bit of Dutch. People will appreciate your effort, and making friends and contacts will be much easier. When you make contact with Dutch people, they will tell you about special things you should do that you won't find from the usual sources. You may be surprised, If you speak English, you already speak some Dutch! Can you guess what these words are in English? Such words as: koolsla, koekje, and baas. You got it! Cole slaw, Cookie and Boss!

Dutch has even given birth to new languages, such as Afrikaans! Dutch began to take on a life of its own due to Dutch colonization in South Africa in the 17th and 18th centuries, and developed unique characteristics that distinguish it from Dutch. Dutch, therefore is a great stepping stone into learning other languages as well!

Of course, the best way to learn any language is to completely immerse yourself in the culture and dive right in! This audiobook will help you do just that and feel more confident when speaking Dutch.

Basic Greetings and Well Wishes

- Hi - Hoi
- Hi - Hoi
- Good Morning - Goedemorgen!
- Good Morning - Goedemorgen!
- Good evening - Goedenavond!
- Good evening - Goedenavond!
- Welcome! - Welkom
- Welcome! - Welkom
- How are you? - hoe is het met je?
- How are you? - hoe is het met je?
- I'm fine, thanks! - Het gaat goed met me dank je!
- I'm fine, thanks! - Het gaat goed met me dank je!
- And you? - En jij?
- And you? - En jij?
- Thank you - dank je
- Thank you - dank je
- You're welcome - Graag gedaan!
- You're welcome - Graag gedaan!
- Hey! Friend! - Hallo! Vriend!

- Hey! Friend! - Hallo! Vriend!
- I missed you so much! - Ik heb je zo gemist!
- I missed you so much! - Ik heb je zo gemist!
- What's new? - Wat is er nieuw?
- What's new? - Wat is er nieuw?
- Nothing much - Niet veel
- Nothing much - Niet veel
- See you later! - Tot ziens!
- See you later! - Tot ziens!
- Goodbye! - Vaarwel!!
- Goodbye! - Vaarwel!!
- Good night and sweet dreams! - Welterusten en zoete dromen!
- Good night and sweet dreams! - Welterusten en zoete dromen!
- Have a good trip! - Goede reis!
- Have a good trip! - Goede reis!
- Congratulations! - Gefeliciteerd!
- Congratulations! - Gefeliciteerd!
- Best wishes! - Beste wensen!!
- Best wishes! - Beste wensen!!
- Til next time - tot de volgende keer
- Til next time - tot de volgende keer
- My thoughts are with you - Ik leef met je mee

- My thoughts are with you - Ik leef met je mee
- Congrats grad! - Gefeliciteerd afgestudeerd!
- Congrats grad! - Gefeliciteerd afgestudeerd!
- Congrats to the newly engaged! - Proficiat aan de nieuw verloofde!
- Congrats to the newly engaged! - Proficiat aan de nieuw verloofde!
- Have fun! - Veel plezier!!
- Have fun! - Veel plezier!!
- Lots of love! - Veel liefde!!
- Lots of love! - Veel liefde!!
- Take care! - Wees voorzichtig!
- Take care! - Wees voorzichtig!
- Best wishes from… - Beste wensen uit…
- Best wishes from… - Beste wensen uit…
- Best wishes to… - De beste wensen voor…
- Best wishes to… - De beste wensen voor…
- With sympathy! - Met sympathie!!
- With sympathy! - Met sympathie!!

Basic Travel Phrases

- I don't understand - Ik begrijp het niet
- I don't understand - Ik begrijp het niet
- I don't speak Dutch. - Ik spreek geen nederlands
- I don't speak Dutch. - Ik spreek geen nederlands
- I don't speak Dutch very well. - Ik spreek niet zo goed Nederlands.
- I don't speak Dutch very well. - Ik spreek niet zo goed Nederlands.
- Do you speak English? - Spreekt u Engels?
- Do you speak English? - Spreekt u Engels?
- Does anyone here speak English? - spreekt iemand hier Engels?
- Does anyone here speak English? - spreekt iemand hier Engels?
- Excuse me, what did you say? - Pardon, wat zei u?
- Excuse me, what did you say? - Pardon, wat zei u?

- I always get nervous when I speak Dutch. - Ik word altijd nerveus als ik Nederlands spreek.
- I always get nervous when I speak Dutch. - Ik word altijd nerveus als ik Nederlands spreek.
- I understand you very well. - Ik begrijp je heel goed.
- I understand you very well. - Ik begrijp je heel goed.
- Speak slowly, please. - Praat langzaam alsjeblieft
- Speak slowly, please. - Praat langzaam alsjeblieft
- Repeat, please. - Herhaal alstublieft
- Repeat, please. - Herhaal alstublieft
- What does that mean? - Wat betekent dat?
- What does that mean? - Wat betekent dat?
- Please write that down for me - Schrijf dat alsjeblieft voor me op
- Please write that down for me - Schrijf dat alsjeblieft voor me op
- Could you say that again please? - Zou je dat nog een keer kunnen zeggen?
- Could you say that again please? - Zou je dat nog een keer kunnen zeggen?

- I don't know - Ik weet het niet
- I don't know - Ik weet het niet
- I'm sorry - Het spijt me
- I'm sorry - Het spijt me.
- What's your name? - Wat is je naam?
- What's your name? - Wat is je naam?
- How are you? - Hoe gaat het met jou?
- How are you? - Hoe gaat het met jou?
- Call the flight attendant, please. - Bel alsjeblieft de stewardess.
- Call the flight attendant, please. - Bel alsjeblieft de stewardess.
- Where is the subway? - Waar is de metro?
- Where is the subway? -Waar is de metro?
- Where is the bathroom? - Waar is het toilet?
- Where is the bathroom? - Waar is het toilet?
- Can you help me? - Kunt u mij helpen?
- Can you help me? - Kunt u mij helpen?
- Can I get on the internet? - Kan ik op internet komen?
- Can I get on the internet? - Kan ik op internet komen?
- How much does that cost? - Hoeveel kost dat?

- How much does that cost? - Hoeveel kost dat?
- I'm lost - Ik ben verdwaald
- I'm lost - Ik ben verdwaald
- Can I use your phone? - Mag ik uw telefoon gebruiken?
- Can I use your phone? - Mag ik uw telefoon gebruiken?
- How can I get there? - Hoe kom ik daar?
- How can I get there? - Hoe kom ik daar?
- Can you show me on the map? - Kun je me op de kaart laten zien?
- Can you show me on the map? - Kun je me op de kaart laten zien?
- Where is the train station? - Waar is het treinstation?
- Where is the train station? - Waar is het treinstation?
- Where can I buy tickets? - Waar kan ik kaartjes kopen?
- Where can I buy tickets? - Waar kan ik kaartjes kopen?
- I would like to buy a ticket to (Amsterdam). - Ik wil graag een kaartje kopen naar Amsterdam
- I would like to buy a ticket to (Amsterdam). - Ik wil graag een kaartje kopen naar Amsterdam

- What time does the last train come? - Hoe laat komt de laatste trein?
- What time does the last train come? - Hoe laat komt de laatste trein?
- The train is late. -De trein is laat
- The train is late. - De trein is laat
- How long does the trip take? - Hoe lang duurt de reis?
- How long does the trip take? - Hoe lang duurt de reis?
- What is the next stop? - Wat is de volgende stop?
- What is the next stop? - Wat is de volgende stop?
- I would like to rent a car. - Ik wil graag een auto huren
- I would like to rent a car. - Ik wil graag een auto huren
- I have to cancel my reservation. - Ik moet mijn reservering annuleren
- I have to cancel my reservation. - Ik moet mijn reservering annuleren
- How do I get to the airport? - Hoe kom ik bij het vliegveld?
- How do I get to the airport? - Hoe kom ik bij het vliegveld?
- I would like to get a taxi. - Ik wil graag een taxi nemen.

- I would like to get a taxi. - Ik wil graag een taxi nemen.
- What platform is my train leaving from? - Van welk perron vertrekt mijn trein?
- What platform is my train leaving from? - Van welk perron vertrekt mijn trein?
- The conductor will help you find your seat. - De geleider helpt u uw stoel te vinden.
- The conductor will help you find your seat. - De geleider helpt u uw stoel te vinden.
- I'm in a hurry! - Ik heb haast!
- I'm in a hurry! - Ik heb haast!
- Stop here, please! - Stop hier, alsjeblieft!
- Stop here, please! - Stop hier, alsjeblieft!
- How much do I owe you? - Hoeveel ben ik je verschuldigd?
- How much do I owe you? - Hoeveel ben ik je verschuldigd?
- Do you accept dollars? - Accepteert u dollars?
- Do you accept dollars? - Accepteert u dollars?
- Do you accept British pounds? - Accepteert u Britse ponden?

- Do you accept British pounds? - Accepteert u Britse ponden?
- Can you change money for me? - Kun je geld voor me wisselen?
- Can you change money for me? - Kun je geld voor me wisselen?
- Can you change British pounds for me? - Kun je Britse ponden voor mij veranderen?
- Can you change British pounds for me? - Kun je Britse ponden voor mij veranderen?
- Can you change American dollars for me? - Kun je Amerikaanse dollars voor mij veranderen?
- Can you change American dollars for me? - Kun je Amerikaanse dollars voor mij veranderen?
- Where can I get money changed? - Waar kan ik geld laten wisselen?
- Where can I get money changed? - Waar kan ik geld laten wisselen?
- Where can I get foreign money changed? - Waar kan ik buitenlands geld laten wisselen?
- Where can I get foreign money changed? - Waar kan ik buitenlands geld laten wisselen?

- What is the exchange rate? - Wat is de wisselkoers?
- What is the exchange rate? - Wat is de wisselkoers?
- Is there commission? - Is er commissie?
- Is there commission? - Is er commissie?
- What is today's date? - Wat is de datum van vandaag?
- What is today's date? - Wat is de datum van vandaag?
- Where is an automatic teller machine (ATM)? - Waar is een geldautomaat ?
- Where is an automatic teller machine (ATM)? - Waar is een geldautomaat?
- Where can I find the art exhibition? - Waar kan ik de kunsttentoonstelling vinden?
- Where can I find the art exhibition? - Waar kan ik de kunsttentoonstelling vinden?
- Where can I find the lost property office? - Waar kan ik het kantoor voor gevonden voorwerpen vinden?
- Where can I find the lost property office? - Waar kan ik het kantoor voor gevonden voorwerpen vinden?
- Where can I find public restrooms? - Waar kan ik openbare toiletten vinden?

- Where can I find public restrooms? - Waar kan ik openbare toiletten vinden?
- Can I get insurance? - Kan ik een verzekering afsluiten?
- Can I get insurance? - Kan ik een verzekering afsluiten?
- Is it within walking distance? - Is het op loopafstand??
- Is it within walking distance? - Is het op loopafstand?
- Hi, I'm trying to find my Airbnb. Here's the address - Hallo, ik probeer mijn Airbnb te vinden. Hier is het adres
- Hi, I'm trying to find my Airbnb. Here's the address - Hallo, ik probeer mijn Airbnb te vinden. Hier is het adres
- Excuse me, where did you buy that ice cream? - Pardon, waar heb je dat ijs gekocht?
- Excuse me, where did you buy that ice cream? - Pardon, waar heb je dat ijs gekocht?
- Can you recommend a cool bar for the aperitivo near this area? - Kun je een

coole bar aanbevelen voor de aperitivo in de buurt van dit gebied?
- Can you recommend a cool bar for the aperitivo near this area? - Kun je een coole bar aanbevelen voor de aperitivo in de buurt van dit gebied?
- Excuse me, can you tell me where Ann Frank's home is? - Pardon, kunt u me vertellen waar het huis van Anne Frank is?
- Excuse me, can you tell me where Ann Frank's home is? - Pardon, kunt u me vertellen waar het huis van Anne Frank is?
- Certainly. Go straight on until you reach the end of the road... - Zeker. Ga rechtdoor tot aan het einde van de weg
- Certainly. Go straight on until you reach the end of the road... - Zeker. Ga rechtdoor tot aan het einde van de weg
- Then turn right. - Sla dan rechts af.
- Then turn right. - Sla dan rechts af.
- Is the library far from here? -Is de bibliotheek hier ver vandaan?
- Is the library far from here? -Is de bibliotheek hier ver vandaan?

- It takes about ten minutes. - Het duurt ongeveer tien minuten.
- It takes about ten minutes. - Het duurt ongeveer tien minuten.
- How many stops before we arrive in ...? - Hoeveel stops voordat we aankomen in ...?
- How many stops before we arrive in ...? - Hoeveel stops voordat we aankomen in ...?
- Can I park here? - Kan ik hier parkeren?
- Can I park here? - Kan ik hier parkeren?
- Where is the parking meter? - Waar is de parkeermeter?
- Where is the parking meter? - Waar is de parkeermeter?
- A single ticket for Amsterdam, please. - Een enkel ticket voor Amsterdam, alstublieft.
- A single ticket for Amsterdam, please. - Een enkel ticket voor Amsterdam, alstublieft.
- A return ticket for Amsterdam, please. - Een retourticket voor Amsterdam, alstublieft
- A return ticket for Amsterdam, please. - Een retourticket voor Amsterdam, alstublieft

- Is there a non-smoking seat? - Is er een rookvrije stoel?
- Is there a non-smoking seat? - Is er een rookvrije stoel?
- Does the train have a dining-car? - Heeft de trein een restauratierijtuig?
- Does the train have a dining-car? - Heeft de trein een restauratierijtuig?
- How frequent are the buses? - Hoe vaak gaan de bussen?
- How frequent are the buses? - Hoe vaak gaan de bussen?
- This seat is taken. - Deze stoel is bezet.
- This seat is taken. - Deze stoel is bezet.
- I have broken down. - Ik heb het afgebroken.
- I have broken down. - Ik heb het afgebroken.
- Twenty litres of unleaded, please. - Twintig liter loodvrij, alsjeblieft
- Twenty litres of unleaded, please. - Twintig liter loodvrij, alsjeblieft
- Fill the tank up, please. - Vul de tank alsjeblieft.
- Fill the tank up, please. - Vul de tank alsjeblieft.
- Please check the oil level. - Controleer het oliepeil.

- Please check the oil level. - Controleer het oliepeil.
- Please check the tires. - Controleer de banden.
- Please check the tires. - Controleer de banden.

At the Restaurant

- A cappuccino, please - Een cappuccino, alsjeblieft
- A cappuccino, please - Een cappuccino, alsjeblieft
- A glass of mineral water, please - Een glas mineraalwater, alstublieft
- A glass of mineral water, please - Een glas mineraalwater, alstublieft
- Will you bring us the bill please? - Wilt u ons alstublieft de rekening brengen?
- Will you bring us the bill please? - Wilt u ons alstublieft de rekening brengen?
- Do you have a table for two? - Heb je een tafel voor twee?
- Do you have a table for two? - Heb je een tafel voor twee?

- What are your specialities? - Wat zijn jouw specialiteiten?
- What are your specialities? - Wat zijn jouw specialiteiten?
- Is the sauce spicy? - Is de saus pittig?
- Is the sauce spicy? -Is de saus pittig?
- What can you recommend? - Wat kunt u aanbevelen?
- What can you recommend? - Wat kunt u aanbevelen?
- I would like... - Ik zou graag willen...
- I would like... - Ik zou graag willen...
- I would like to pay, please. - Ik wil graag betalen.
- I would like to pay, please. - Ik wil graag betalen.
- I'm a vegetarian - Ik ben een vegetariër
- I'm a vegetarian - Ik ben een vegetariër
- I can't eat dishes that contain gluten. - Ik kan geen gerechten eten die gluten bevatten
- I can't eat dishes that contain gluten. - Ik kan geen gerechten eten die gluten bevatten
- With ice - Met ijs
- With ice - Met ijs
- Without ice - Zonder ijs
- Without ice - Zonder ijs

- What do you have on tap? - Wat heb je van de tap?
- What do you have on tap? - Wat heb je van de tap?
- What light beers do you have? - Welke lichte bieren heb je?
- What light beers do you have? - Welke lichte bieren heb je?
- What dark beers do you have? - Welke donkere bieren heb je?
- What dark beers do you have? - Welke donkere bieren heb je?
- I would like something non-alcoholic to drink. - Ik wil graag iets zonder alcohol drinken.
- I would like something non-alcoholic to drink. - Ik wil graag iets zonder alcohol drinken.
- Can I see the wine list, please? - Kan ik de wijnlijst zien, alstublieft?
- Can I see the wine list, please? - Kan ik de wijnlijst zien, alstublieft?
- Keep the change. - Houd de verandering.
- Keep the change. - Houd de verandering.
- Are you still serving drinks? - Serveert u nog steeds drankjes?

- Are you still serving drinks? - Serveert u nog steeds drankjes?
- A table for four - Een tafel voor vier
- A table for four - Een tafel voor vier
- Could I have the wine list? - Mag ik de wijnkaart?
- Could I have the wine list? - Mag ik de wijnkaart?
- Could I have the dessert menu? - Mag ik het dessertmenu?
- Could I have the dessert menu? -Mag ik het dessertmenu?
- I am a vegan - Ik ben een veganist
- I am a vegan - Ik ben een veganist
- I don't eat pork - Ik eet geen varkensvlees
- I don't eat pork - Ik eet geen varkensvlees
- Is our food long? - Is ons eten lang?
- Is our food long? - Is ons eten lang?
- No, we don't have a reservation - Nee, we hebben geen reservering
- No, we don't have a reservation - Nee, we hebben geen reservering
- I'd like to make a reservation. - Ik zou graag willen reserveren.
- I'd like to make a reservation. - Ik zou graag willen reserveren.

- Are you open yet? - Ben je al open?
- Are you open yet? - Ben je al open?
- Can we sit over there? - Kunnen we daar zitten?
- Can we sit over there? -Kunnen we daar zitten?
- I only eat kosher food. - Ik eet alleen koosjer voedsel
- I only eat kosher food. - Ik eet alleen koosjer voedsel
- Excuse me, waiter? - Pardon, ober?
- Excuse me, waiter? - Pardon, ober?
- It was delicious. - Het was heerlijk.
- It was delicious. - Het was heerlijk.
- Do you have any bar snacks? - Heb je snacks?
- Do you have any bar snacks? - Heb je snacks?
- One more, please. - Een meer alstublieft.
- One more, please. - Een meer alstublieft.
- Another round, please. - Nog een ronde, alsjeblieft.
- Another round, please. - Nog een ronde, alsjeblieft.
- Enjoy your meal! - Eet smakelijk!

- Enjoy your meal! - Eet smakelijk!
- Where is a casual restaurant? - Waar is een informeel restaurant?
- Where is a casual restaurant? - Waar is een informeel restaurant?
- Let's eat! - Laten we eten!
- Let's eat! - Laten we eten!
- Pass the salt - Geef het zout door
- Pass the salt - Geef het zout door
- Can I have a taste? - Mag ik proeven?
- Can I have a taste? - Mag ik proeven?
- Excuse me, can we have the menu? - Pardon, mogen we het menu?
- Excuse me, can we have the menu? - Pardon, mogen we het menu?
- A glass of red wine. - Een glas rode wijn.
- A glass of red wine. - Een glas rode wijn.
- And what would you like to drink? - En wat wil je drinken?
- And what would you like to drink? - En wat wil je drinken?

- It's on me! - Ik betaal!
- It's on me! - Ik betaal!
- Can we have breakfast? - Kunnen we ontbijten?
- Can we have breakfast? - Kunnen we ontbijten?
- As a first course I'll have ... - Als eerste cursus zal ik ...
- As a first course I'll have ... - Als eerste cursus zal ik ...
- More bread, please - Meer brood, alsjeblieft
- More bread, please - Meer brood, alsjeblieft
- That's enough, thanks - Dat is genoeg, bedankt
- That's enough, thanks - Dat is genoeg, bedankt
- This isn't properly cooked - Dit is niet goed gekookt

- This isn't properly cooked - Dit is niet goed gekookt
- I am hungry. Is there a restaurant? - Ik heb honger. Is er een restaurant?
- I am hungry. Is there a restaurant? - Ik heb honger. Is er een restaurant?
- I am thirsty. Is there a fountain? - Ik heb dorst. Is er een fontein?
- I am thirsty. Is there a fountain? - Ik heb dorst. Is er een fontein?
- Are you good with chopsticks? - Ben je goed met eetstokjes?
- Are you good with chopsticks? - Ben je goed met eetstokjes?
- A meal fit for a king - Een maaltijd geschikt voor een koning
- A meal fit for a king - Een maaltijd geschikt voor een koning
- Does anyone want seconds? - Wil iemand seconden?
- Does anyone want seconds? - Wil iemand seconden?

- I had too much coffee - Ik heb teveel koffie gedronken
- I had too much coffee - Ik heb teveel koffie gedronken
- I spilled coffee on myself - Ik heb koffie op mezelf gemorst
- I spilled coffee on myself - Ik heb koffie op mezelf gemorst
- Are there any chips left? - Zijn er nog chips over?
- Are there any chips left? - Zijn er nog chips over?
- Let me pour you a drink -Laat me je wat drinken
- Let me pour you a drink - Laat me je wat drinken
- This beef is very delicious. - Dit rundvlees is erg lekker.
- This beef is very delicious. - Dit rundvlees is erg lekker.
- Tonight's choices are beef or chicken. - De keuzes van vanavond zijn rundvlees of kip.
- Tonight's choices are beef or chicken. - De keuzes van vanavond zijn rundvlees of kip.

- Beef for the main course - Rundvlees voor het hoofdgerecht
- Beef for the main course - Rundvlees voor het hoofdgerecht
- Is a tomato a fruit or a vegetable? - Is een tomaat een fruit of groente?
- Is a tomato a fruit or a vegetable? - Is een tomaat een fruit of groente?
- Tomatoes are fruit. - Tomaten zijn fruit
- Tomatoes are fruit. - Tomaten zijn fruit
- Ripe red tomato - Rijpe rode tomaat
- Ripe red tomato - Rijpe rode tomaat
- When I make pork, I like to saute it in a pan. - Als ik varkensvlees maak, bak ik het graag in een pan.
- When I make pork, I like to saute it in a pan. - Als ik varkensvlees maak, bak ik het graag in een pan.
- Saute onions - Fruit uien
- Saute onions - Fruit uien
- Stick of butter and slices of butter - Stok boter en plakjes boter
- Stick of butter and slices of butter - Stok boter en plakjes boter

- I always use a carving knife when I serve turkey. - Ik gebruik altijd een vleesmes wanneer ik kalkoen serveer.
- I always use a carving knife when I serve turkey. - Ik gebruik altijd een vleesmes wanneer ik kalkoen serveer.
- Aromatic herbs and spices - Aromatische kruiden en specerijen
- Aromatic herbs and spices - Aromatische kruiden en specerijen
- Variety of spices - Verschillende kruiden
- Variety of spices - Verschillende kruiden
- I ate five doughnuts. - Ik heb vijf donuts gegeten
- I ate five doughnuts. - Ik heb vijf donuts gegeten
- Baked goods at a bakery - Gebakken goederen bij een bakkerij
- Baked goods at a bakery - Gebakken goederen bij een bakkerij
- A good coffee would please me - Een goede koffie zou me behagen
- A good coffee would please me - Een goede koffie zou me behagen

- Did the ice cream please you? - Heeft het ijs je bevallen?
- Did the ice cream please you? - Heeft het ijs je bevallen?

Places to Stay

- Is there anything cheaper? - Is er iets goedkopers?
- Is there anything cheaper? - Is er iets goedkopers?
- Does the price include breakfast? - Is het ontbijt inclusief ontbijt?
- Does the price include breakfast? - Is het ontbijt inclusief ontbijt?
- What is the WiFi password? - Wat is het wifi-wachtwoord?
- What is the WiFi password? - Wat is het wifi-wachtwoord?
- I lost my key. - Ik ben mijn sleutel verloren.
- I lost my key. - Ik ben mijn sleutel verloren.

- I'm locked out of my room. - Ik ben buitengesloten van mijn kamer.
- I'm locked out of my room. - Ik ben buitengesloten van mijn kamer.
- Can you give me a receipt, please? - Kunt u mij een bonnetje geven?
- Can you give me a receipt, please? - Kunt u mij een bonnetje geven?
- Can we leave our bags here until (2PM)? - Kunnen we onze tassen hier tot 14.00 uur achterlaten?
- Can we leave our bags here until (2PM)? - Kunnen we onze tassen hier tot 14.00 uur achterlaten?
- Can we pay by credit card? - Kunnen we met creditcard betalen?
- Can we pay by credit card? - Kunnen we met creditcard betalen?
- What time is check-out? - Hoe laat is het uitchecken?
- What time is check-out? - Hoe laat is het uitchecken?
- How does the washer work? - Hoe werkt de wasmachine?
- How does the washer work? - Hoe werkt de wasmachine?
- Is there an iron? - Is er een strijkijzer?
- Is there an iron? - Is er een strijkijzer?

- Can I pay with my debit card? - Kan ik met mijn bankpas betalen?
- Can I pay with my debit card? - Kan ik met mijn bankpas betalen?
- We only accept cash. - Wij accepteren alleen contant geld
- We only accept cash. - Wij accepteren alleen contant geld
- Do you have any vacancies? - Heeft u nog plaats?
- Do you have any vacancies? - Heeft u nog plaats?
- I have a reservation - ik heb een reservering
- I have a reservation - ik heb een reservering
- How much is it per night? - Hoeveel is het per nacht?
- How much is it per night? - Hoeveel is het per nacht?
- Do you need our passports? - Heb je onze paspoorten nodig?
- Do you need our passports? - Heb je onze paspoorten nodig?
- Here is my passport - Hier is mijn paspoort
- Here is my passport - Hier is mijn paspoort

- Is there an elevator? - Is er een lift?
- Is there an elevator? - Is er een lift?
- May I see the room first? - Mag ik eerst de kamer zien?
- May I see the room first? - Mag ik eerst de kamer zien?
- Do you have anything quieter? - Heb je iets stillers?
- Do you have anything quieter? - Heb je iets stillers?
- OK, I'll take it. - OK, ik neem het wel.
- OK, I'll take it. - OK, ik neem het wel.
- Do you have a safe? - Heb je een kluis?
- Do you have a safe? - Heb je een kluis?
- Is there air conditioning? - Is er airconditioning?
- Is there air conditioning? - Is er airconditioning?
- The air conditioning does not work - De airco werkt niet
- The air conditioning does not work - De airco werkt niet
- Will you give me an extra pillow? - Wil je me een extra kussen geven?
- Will you give me an extra pillow? - Wil je me een extra kussen geven?

- I'd like some toilet paper? - Ik wil graag wat wc-papier?
- I'd like some toilet paper? - Ik wil graag wat wc-papier?
- I need to contact my hotel - Ik moet contact opnemen met mijn hotel
- I need to contact my hotel - Ik moet contact opnemen met mijn hotel
- Do you have room for a tent? - Heb je ruimte voor een tent?
- Do you have room for a tent? - Heb je ruimte voor een tent?
- Do you have room for a caravan? - Heb je ruimte voor een caravan?
- Do you have room for a caravan? - Heb je ruimte voor een caravan?
- Where's the toilet/shower block? - Waar is het toilet / doucheblok?
- Where's the toilet/shower block? - Waar is het toilet / doucheblok?
- Is there an electric connection for our caravan? - Is er een elektrische aansluiting voor onze caravan?
- Is there an electric connection for our caravan? - Is er een elektrische aansluiting voor onze caravan?

- I am sorry, we have no more rooms available - Het spijt me, we hebben geen kamers meer beschikbaar
- I am sorry, we have no more rooms available - Het spijt me, we hebben geen kamers meer beschikbaar
- We are fully booked - We zijn volgeboekt
- We are fully booked - We zijn volgeboekt
- The Internet connection only works in the lobby - De internetverbinding werkt alleen in de lobby
- The Internet connection only works in the lobby - De internetverbinding werkt alleen in de lobby
- There's always somebody at the reception desk - Er is altijd iemand aan de receptie
- There's always somebody at the reception desk - Er is altijd iemand aan de receptie
- Do you have a shuttle service from/to the airport? - Heeft u een pendeldienst van / naar de luchthaven?
- Do you have a shuttle service from/to the airport? - Heeft u een pendeldienst van / naar de luchthaven?

- I would like to pay now - Ik wil nu graag betalen
- I would like to pay now - Ik wil nu graag betalen
- Could you please check if I have paid everything? - Kunt u controleren of ik alles heb betaald?
- Could you please check if I have paid everything? - Kunt u controleren of ik alles heb betaald?
- Is there a camping ground? - Is er een camping?
- Is there a camping ground? - Is er een camping?
- Is there a youth hostel? - Is er een jeugdherberg?
- Is there a youth hostel? - Is er een jeugdherberg?
- Is there a motel? - Is er een motel?
- Is there a motel? - Is er een motel?
- Could you recommend an inexpensive hotel? - Zou je een goedkoop hotel aanbevelen?
- Could you recommend an inexpensive hotel? - Zou je een goedkoop hotel aanbevelen?

- Could you recommend a family-friendly hotel? -Zou je een gezinsvriendelijk hotel aanbevelen?
- Could you recommend a family-friendly hotel? - Zou je een gezinsvriendelijk hotel aanbevelen?
- Is there a bus stop close to the hotel? - Is er een bushalte dicht bij het hotel?
- Is there a bus stop close to the hotel? - Is er een bushalte dicht bij het hotel?

Shopping

- I'm just looking. - Ik kijk gewoon
- I'm just looking. - Ik kijk gewoon
- That's all. - Dat is alles.
- That's all. - Dat is alles.
- Do you need help? - Heb je hulp nodig?
- Do you need help? - Heb je hulp nodig?
- I'll take... - Ik neem ...
- I'll take... - Ik neem ...
- I like it. - Ik vind het leuk.
- I like it. - Ik vind het leuk.
- I don't like it. - Ik vind het niet leuk.

- I don't like it. - Ik vind het niet leuk.
- It's too expensive. - Het is te duur.
- It's too expensive. - Het is te duur.
- It's a gift. - Het is een gift.
- It's a gift. - Het is een gift.
- Would you like it gift-wrapped? - Wil je het cadeau-verpakt?
- Would you like it gift-wrapped? - Wil je het cadeau-verpakt?
- It's handmade. - Het is handgemaakt.
- It's handmade. - Het is handgemaakt.
- How much does it cost per kilo? - Hoeveel kost het per kilo?
- How much does it cost per kilo? - Hoeveel kost het per kilo?
- What are those called? -Hoe worden die genoemd?
- What are those called? - Hoe worden die genoemd?
- 100 grams of... - 100 gram ...
- 100 grams of... - 100 gram ...
- I'm a medium. - Ik ben een medium.
- I'm a medium. - Ik ben een medium.
- Do you want to try it on? - Wil je het passen?
- Do you want to try it on? - Wil je het passen?

- I'd like to try these on, where are the fitting rooms? - Ik wil deze graag passen, waar zijn de paskamers?
- I'd like to try these on, where are the fitting rooms? - Ik wil deze graag passen, waar zijn de paskamers?
- It doesn't fit me well. - Het past me niet goed.
- It doesn't fit me well. - Het past me niet goed.
- It's comfortable. - Het is comfortabel
- It's comfortable. - Het is comfortabel
- I would like to exchange this, please. - Ik wil dit graag ruilen, alsjeblieft
- I would like to exchange this, please. - Ik wil dit graag ruilen, alsjeblieft
- May I have the receipt, please? - Mag ik het bonnetje?
- May I have the receipt, please? - Mag ik het bonnetje?
- Can I please have a bag? - Mag ik alsjeblieft een tas?
- Can I please have a bag? - Mag ik alsjeblieft een tas?
- Would it be possible to get a discount? - Zou het mogelijk zijn om korting te krijgen?

- Would it be possible to get a discount? -Zou het mogelijk zijn om korting te krijgen?
- What time do you close? - Hoe laat sluit je?
- What time do you close? - Hoe laat sluit je?
- Do you ship? - Verzend u?
- Do you ship? - Verzend u?
- Excuse me, I'm looking for cheese - Pardon, ik ben op zoek naar kaas
- Excuse me, I'm looking for cheese - Pardon, ik ben op zoek naar kaas
- May I try some of that? - Mag ik daar wat van proberen?
- May I try some of that? - Mag ik daar wat van proberen?
- I would like 300 grams of that please - Ik zou daar graag 300 gram van willen
- I would like 300 grams of that please - Ik zou daar graag 300 gram van willen
- Can you add a little bit more? - Kun je nog een beetje meer toevoegen?
- Can you add a little bit more? - Kun je nog een beetje meer toevoegen?
- What do you have that is organic? - Wat heb je dat biologisch is?

- What do you have that is organic? - Wat heb je dat biologisch is?
- How much do you want for this? - Hoeveel wil je hiervoor hebben?
- How much do you want for this? - Hoeveel wil je hiervoor hebben?
- C'mon, give me a good deal! - Kom op, geef me een goede deal!
- C'mon, give me a good deal! - Kom op, geef me een goede deal!
- Rip off - oplichterij
- Rip off - oplichterij
- Vegetable section of the supermarket -Groentegedeelte van de supermarkt
- Vegetable section of the supermarket - Groentegedeelte van de supermarkt
- Which bread is salted? - Welk brood is gezouten?
- Which bread is salted? - Welk brood is gezouten?
- Which bread is unsalted? - Welk brood is ongezouten?
- Which bread is unsalted? - Welk brood is ongezouten?
- Where can I buy (some cheese)? - Waar kan ik (wat kaas) kopen?
- Where can I buy (some cheese)? - Waar kan ik (wat kaas) kopen?

Conversational Phrases 1

- My name is… - Mijn naam is…
- My name is… - Mijn naam is…
- Nice to meet you! - Aangenaam kennis te maken!
- Nice to meet you! - Aangenaam kennis te maken!
- What is this? - Wat is dit?
- What is this? - Wat is dit?
- Who? - Wie?
- Who? - Wie?
- What? - Wat?
- What? - Wat?
- When? - Wanneer?
- When? - Wanneer?
- Where? - Waar?
- Where? - Waar?
- Why? - Waarom?
- Why? - Waarom?
- How? - Hoe?
- How? - Hoe?
- How much? - Hoeveel?
- How much? - Hoeveel?
- You are very kind - Je bent erg aardig
- You are very kind - Je bent erg aardig

- The weather is really nice - Het is heel mooi weer
- The weather is really nice - Het is heel mooi weer
- How is your day going? - Hoe gaat je dag?
- How is your day going? - Hoe gaat je dag?
- How is your night going? - Hoe is jouw nacht?
- How is your night going? - Hoe is jouw nacht?
- Very well, thanks! - Heel goed, bedankt!
- Very well, thanks! - Heel goed, bedankt!
- I'm feeling great. - Ik voel me geweldig.
- I'm feeling great. - Ik voel me geweldig.
- So-so. - Middelmatig
- So-so. - Middelmatig
- I can't complain. - Ik kan niet klagen.
- I can't complain. - Ik kan niet klagen.
- Did you have a good weekend? - Heb je een goed weekend gehad?
- Did you have a good weekend? - Heb je een goed weekend gehad?
- No! It was rubbish! - Nee! Het was slecht!
- No! It was rubbish! - Nee! Het was slecht!

- Where would you like to go? - Waar wil je heen?
- Where would you like to go? - Waar wil je heen?
- How about going to the cinema? - Wat vind je er van om naar de bioscoop te gaan?
- How about going to the cinema? - Wat vind je er van om naar de bioscoop te gaan?
- I'd like to see a science-fiction movie. - Ik wil graag een sciencefictionfilm zien.
- I'd like to see a science-fiction movie. - Ik wil graag een sciencefictionfilm zien.
- I've already seen it. - Ik heb het al gezien.
- I've already seen it. - Ik heb het al gezien.
- Is it subtitled in English? - Is het ondertiteld in het Engels?
- Is it subtitled in English? - Is het ondertiteld in het Engels?
- When does the film end? - Wanneer eindigt de film?
- When does the film end? - Wanneer eindigt de film?
- I'll pay for the tickets. - Ik zal de kaartjes betalen.

- I'll pay for the tickets. - Ik zal de kaartjes betalen.
- Is there an interval? - Is er een pauze?
- Is there an interval? - Is er een pauze?
- What did you think of the play? - Wat vond je van het stuk?
- What did you think of the play? - Wat vond je van het stuk?
- Do you like to go sailing? - Ga je graag zeilen?
- Do you like to go sailing? - Ga je graag zeilen?
- I'd prefer to play tennis. - Ik speel liever tennis
- I'd prefer to play tennis. - Ik speel liever tennis
- That would be great! - Dat zou geweldig zijn!
- That would be great! - Dat zou geweldig zijn!
- I know what I am talking about - Ik weet waar ik het over heb
- I know what I am talking about - Ik weet waar ik het over heb
- You pop up everywhere. - Je duikt overal op.
- You pop up everywhere. - Je duikt overal op.

- Things don't always turn out as expected. - Dingen lopen niet altijd zoals verwacht.
- Things don't always turn out as expected. - Dingen lopen niet altijd zoals verwacht.
- Where can I find the best pizza? - Waar kan ik de beste pizza vinden?
- Where can I find the best pizza? - Waar kan ik de beste pizza vinden?
- Not bad. - Niet slecht.
- Not bad. - Niet slecht.
- Where are you from? - Waar kom jij vandaan?
- Where are you from? - Waar kom jij vandaan?
- I'm from the U.S - ik kom uit de VS
- I'm from the U.S - ik kom uit de VS
- I had fun in America - Ik had plezier in Amerika
- I had fun in America - Ik had plezier in Amerika
- I am not American - Ik ben niet Amerikaans
- I am not American - Ik ben niet Amerikaans
- I'm American - Ik ben Amerikaan

- I'm American - Ik ben Amerikaan
- Where do you live? - Waar woon je?
- Where do you live? - Waar woon je?
- Did you like it here? - Vond je het hier leuk?
- Did you like it here? -Vond je het hier leuk?
- Netherlands is a wonderful country - Nederland is een prachtig land
- Netherlands is a wonderful country - Nederland is een prachtig land
- What do you do for a living? - Wat voor werk doe je?
- What do you do for a living? - Wat voor werk doe je?
- I like Dutch - Ik hou van nederlands
- I like Dutch - Ik hou van nederlands
- I've been learning Dutch for 1 month - Ik heb 1 maand Nederlands geleerd
- I've been learning Dutch for 1 month - Ik heb 1 maand Nederlands geleerd
- Oh! That's good! - Oh! Dat is goed!
- Oh! That's good! - Oh! Dat is goed!
- How old are you? - Hoe oud ben je?
- How old are you? - Hoe oud ben je?
- I am 27 years old. - Ik ben 27 jaar oud
- I am 27 years old. - Ik ben 27 jaar oud
- I have two sisters. - ik heb twee zussen

- I have two sisters. - ik heb twee zussen
- She is older than me. - Ze is ouder dan ik
- She is older than me. - Ze is ouder dan ik
- Make yourself at home. - Doe alsof je thuis bent.
- Make yourself at home. - Doe alsof je thuis bent.
- I have to go - ik moet gaan
- I have to go - ik moet gaan
- I will be right back! - Ik ben zo terug!
- I will be right back! - Ik ben zo terug!
- What time is it? - Hoe laat is het?
- What time is it? - Hoe laat is het?
- Excuse me - Pardon
- Excuse me - Pardon
- May I sit here? - Mag ik hier zitten?
- May I sit here? - Mag ik hier zitten?
- Hopefully we'll see each other again. - Hopelijk zien we elkaar weer.
- Hopefully we'll see each other again. - Hopelijk zien we elkaar weer.
- Don't mention it - Noem het niet
- Don't mention it - Noem het niet
- Whatever. - Wat dan ook
- Whatever. -Wat dan ook

- It's none of your business. - Dat gaat je niets aan.
- It's none of your business. - Dat gaat je niets aan.
- I'm upset. - Ik ben overstuur.
- I'm upset. - Ik ben overstuur.
- You're not listening to me. - Je bent niet naar mij aan het luisteren.
- You're not listening to me. - Je bent niet naar mij aan het luisteren.
- That's enough. - Dat is genoeg.
- That's enough. - Dat is genoeg.
- Stop it. - Hou op..
- Stop it. - Hou op..
- So what? - En dan?
- So what? - En dan?
- Don't worry - Maak je geen zorgen
- Don't worry - Maak je geen zorgen
- I'm hungry. - Ik heb honger.
- I'm hungry. - Ik heb honger.
- I'm thirsty. - Ik heb dorst.
- I'm thirsty. - Ik heb dorst.
- I'm cold - Ik heb het koud
- I'm cold - Ik heb het koud
- I'm hot. - Ik ben heet.
- I'm hot. - Ik ben heet.

- I'm bored. - ik verveel me
- I'm bored. - ik verveel me
- You're crazy! - Je bent gek!
- You're crazy! -Je bent gek!
- Cheers - Proost
- Cheers - Proost
- Hit the road - Ga op weg
- Hit the road - Ga op weg
- Hurry up - Haast je
- Hurry up - Haast je
- Leave me in peace - Laat me met rust
- Leave me in peace - Laat me met rust
- Shut up - Hou je mond
- Shut up - Hou je mond
- Thats fine - Dat is prima
- Thats fine - Dat is prima
- What a pity - Wat jammer
- What a pity - Wat jammer
- With pleasure - Graag gedaan
- With pleasure - Graag gedaan

- Wow - Jeetje!
- Wow - Jeetje!
- The word isn't coming to me. - Het woord komt niet naar me toe
- The word isn't coming to me. - Het woord komt niet naar me toe
- It's not coming to mind. - Het komt niet in me op
- It's not coming to mind. - Het komt niet in me op
- It's on the tip of my tongue. - Het ligt op het puntje van mijn tong
- It's on the tip of my tongue. - Het ligt op het puntje van mijn tong
- One moment. Let me think. - Een moment. Laat me denken.
- One moment. Let me think. - Een moment. Laat me denken.
- Are you following the conversation? - Volg je het gesprek?

- Are you following the conversation? - Volg je het gesprek?
- Would you prefer it if we met in town? - Zou je het liever hebben als we elkaar in de stad zouden ontmoeten?
- Would you prefer it if we met in town? - Zou je het liever hebben als we elkaar in de stad zouden ontmoeten?
- Would you prefer it if we met at the restaurant? - Zou je het liever hebben als we elkaar in het restaurant zouden ontmoeten?
- Would you prefer it if we met at the restaurant? - Zou je het liever hebben als we elkaar in het restaurant zouden ontmoeten?
- Is it better to invite his wife as well? - Is het beter om zijn vrouw ook uit te nodigen?

- Is it better to invite his wife as well? - Is het beter om zijn vrouw ook uit te nodigen?
- Is it better to ring you in the evening? - Is het beter om je 's avonds te bellen?
- Is it better to ring you in the evening? - Is het beter om je 's avonds te bellen?
- Is it better to let you know before we drop in? - Is het beter om je te laten weten voordat we langskomen?
- Is it better to let you know before we drop in? - Is het beter om je te laten weten voordat we langskomen?
- Are we agreed? - Zijn we afgesproken?
- Are we agreed? - Zijn we afgesproken?
- I don't agree with this decision - Ik ben het niet eens met deze beslissing
- I don't agree with this decision - Ik ben het niet eens met deze beslissing

- I think Maria is wrong - Ik denk dat Maria het mis heeft
- I think Maria is wrong - Ik denk dat Maria het mis heeft
- We could meet another time - We kunnen elkaar nog een keer ontmoeten
- We could meet another time - We kunnen elkaar nog een keer ontmoeten
- How about asking them round for dinner? - Wat dacht je ervan om ze rond te eten?
- How about asking them round for dinner? - Wat dacht je ervan om ze rond te eten?
- All joking aside - Alle grapjes opzij
- All joking aside - Alle grapjes opzij
- Sure. - Zeker.
- Sure. - Zeker.

Conversational Phrases 2

- Really? - Werkelijk?

- Really? - Werkelijk?
- I forgot. - Ik vergat.
- I forgot. - Ik vergat.
- Now I remember. - Nu weet ik het weer
- Now I remember. -Nu weet ik het weer
- I have a question. - Ik heb een vraag.
- I have a question. - Ik heb een vraag.
- It was nice talking to you! - Het was leuk met je te praten!
- It was nice talking to you! - Het was leuk met je te praten!
- This is my wife - Dit is mijn vrouw
- This is my wife - Dit is mijn vrouw
- This is my husband - Dit is mijn man
- This is my husband - Dit is mijn man
- This is my son - Dit is mijn zoon
- This is my son - Dit is mijn zoon
- This is my daughter - Dit is mijn dochter
- This is my daughter - Dit is mijn dochter

- I'm here with a group - Ik ben hier met een groep
- I'm here with a group - Ik ben hier met een groep
- I'm retired - ik ben met pensioen
- I'm retired - ik ben met pensioen
- I'm here on business - ik ben hier voor zaken
- I'm here on business - ik ben hier voor zaken
- Can I see a football match? - Kan ik een voetbalwedstrijd zien?
- Can I see a football match? - Kan ik een voetbalwedstrijd zien?
- Who is playing? - Wie speelt er?
- Who is playing? - Wie speelt er?
- He's a great player - Hij is een geweldige speler
- He's a great player -Hij is een geweldige speler

- I agree with you - ik ben het met je eens
- I agree with you - ik ben het met je eens
- I have an accent - Ik heb een accent
- I have an accent - Ik heb een accent
- What have you been up to? - Wat heb je gedaan?
- What have you been up to? - Wat heb je gedaan?
- I've been very busy - ik heb het erg druk gehad
- I've been very busy - ik heb het erg druk gehad
- Do you have any plans for the summer? - Heb je plannen voor de zomer?
- Do you have any plans for the summer? - Heb je plannen voor de zomer?
- That's cool - Dat is cool
- That's cool - Dat is cool
- So, well or therefore - daarom
- So, well or therefore -

- Oh my gosh! - Oh mijn god!
- Oh my gosh! - Oh mijn god!
- Happy anniversary - Gelukkige verjaardag
- Happy anniversary - Gelukkige verjaardag
- Do you have Dutch friends? - Heb je Nederlandse vrienden?
- Do you have Dutch friends? - Heb je Nederlandse vrienden?
- I get up at half past seven - Ik sta om half acht op
- I get up at half past seven - Ik sta om half acht op
- I start to work at quarter past nine. - Ik begin om kwart over negen te werken
- I start to work at quarter past nine. - Ik begin om kwart over negen te werken
- Do you fancy going to the cinema tomorrow night? - Heb je zin om

morgenavond naar de bioscoop te gaan?
- Do you fancy going to the cinema tomorrow night? - Heb je zin om morgenavond naar de bioscoop te gaan?
- I can't wait to go on holiday. - Ik kan niet wachten om op vakantie te gaan.
- I can't wait to go on holiday. - Ik kan niet wachten om op vakantie te gaan.
- What kind of music do you like? - Van welke muziek hou je?
- What kind of music do you like? - Van welke muziek hou je?
- I had a lot of fun! - Ik had veel plezier!
- I had a lot of fun! - Ik had veel plezier!
- I want to improve my level in Dutch - Ik wil mijn niveau in het Nederlands verbeteren

- I want to improve my level in Dutch - Ik wil mijn niveau in het Nederlands verbeteren
- I need to practice Dutch - Ik moet Nederlands oefenen
- I need to practice Dutch - Ik moet Nederlands oefenen
- Can you help me to learn Dutch? - Kun je me helpen om Nederlands te leren?
- Can you help me to learn Dutch? - Kun je me helpen om Nederlands te leren?
- Do you have time to speak with me? - Heb je tijd om met me te praten?
- Do you have time to speak with me? - Heb je tijd om met me te praten?
- Can you please speak in Dutch? it helps me to learn. - Kun je alsjeblieft in het Nederlands spreken? het helpt me om te leren.

- Can you please speak in Dutch? it helps me to learn. - Kun je alsjeblieft in het Nederlands spreken? het helpt me om te leren.
- Are things always this difficult in the Netherlands? - Zijn de dingen altijd zo moeilijk in Nederland?
- Are things always this difficult in the Netherlands? - Zijn de dingen altijd zo moeilijk in Nederland?
- Why can't anyone just give me a straight answer? - Waarom kan niemand me gewoon een duidelijk antwoord geven?
- Why can't anyone just give me a straight answer? - Waarom kan niemand me gewoon een duidelijk antwoord geven?
- That makes sense. - Dat is logisch.
- That makes sense. - Dat is logisch.
- Ever since - Sindsdien
- Ever since - Sindsdien

- Then - Vervolgens
- Then - Vervolgens
- Instead - In plaats daarvan
- Instead - In plaats daarvan
- In the future - In de toekomst
- In the future - In de toekomst
- However - Echter
- However - Echter
- Furthermore - voorts
- Furthermore - voorts
- In my opinion - Naar mijn mening
- In my opinion - Naar mijn mening
- From now on - Van nu af aan
- From now on - Van nu af aan
- To play dumb - Dom spelen
- To play dumb - Dom spelen
- It's a matter of opinion… - Het is een kwestie van mening ...
- It's a matter of opinion… - Het is een kwestie van mening ...

- I agree wholeheartedly... - Ik ben het er volledig mee eens ...
- I agree wholeheartedly... - Ik ben het er volledig mee eens ...
- The opposite is true... - Het tegenovergestelde is waar...
- The opposite is true... - Het tegenovergestelde is waar...
- The present state of affairs is worrying - De huidige stand van zaken is zorgwekkend
- The present state of affairs is worrying - De huidige stand van zaken is zorgwekkend
- That speaks volumes about .. - Dat spreekt boekdelen over
- That speaks volumes about .. - Dat spreekt boekdelen over

- There's much to be said on both sides... - Aan beide kanten valt veel te zeggen...
- There's much to be said on both sides... - Aan beide kanten valt veel te zeggen...
- I disagree - ben ik het niet mee eens ...
- I disagree - ben ik het niet mee eens ...
- On the other hand... - Aan de andere kant ...
- On the other hand... - Aan de andere kant ...
- There's no sound basis for the argument.. - Er is geen goede basis voor het argument....
- There's no sound basis for the argument.. - Er is geen goede basis voor het argument....
- It's a policy doomed to failure... - Het is een beleid gedoemd te mislukken...

- It's a policy doomed to failure... - Het is een beleid gedoemd te mislukken...
- It's an outdated approach - Het is een verouderde aanpak
- it's an outdated approach - Het is een verouderde aanpak
- I see no prospect of success - Ik zie geen uitzicht op succes
- I see no prospect of success - Ik zie geen uitzicht op succes
- There's a big problem - Er is een groot probleem
- There's a big problem - Er is een groot probleem
- We can see that.. - Dat kunnen we zien
- We can see that.. - Dat kunnen we zien
- Let's not forget that.. - Laten we dat niet vergeten
- Let's not forget that.. - Laten we dat niet vergeten

- Another difficulty arises - Een andere moeilijkheid doet zich voor
- Another difficulty arises - Een andere moeilijkheid doet zich voor
- Some stumbling blocks remain - Er blijven nog enkele struikelblokken over
- Some stumbling blocks remain - Er blijven nog enkele struikelblokken over
- It's not surprising that.. - Dat is niet zo gek
- It's not surprising that.. - Dat is niet zo gek
- It goes without saying that.. - Het spreekt vanzelf dat.
- It goes without saying that.. - Het spreekt vanzelf dat.
- The last resort - De laatste uitweg
- The last resort - De laatste uitweg
- All things considered - Alles bij elkaar genomen

- All things considered - Alles bij elkaar genomen
- Rumor has it - Het gerucht gaat
- Rumor has it - Het gerucht gaat
- As soon as possible - Zo spoedig mogelijk
- As soon as possible - Zo spoedig mogelijk
- Don't leave me hanging - Laat me niet hangen
- Don't leave me hanging - Laat me niet hangen
- Don't go out of your way - Ga niet uit de weg
- Don't go out of your way - Ga niet uit de weg
- Bear in mind that ... - Onthoud dat
- Bear in mind that ... - Onthoud dat
- To pull an all-nighter - Om een nachtje te trekken
- To pull an all-nighter - Om een nachtje te trekken

- To turn the light on - Om het licht aan te doen
- To turn the light on - Om het licht aan te doen
- To turn the light off - Om het licht uit te doen
- To turn the light off - Om het licht uit te doen
- I've got my eye on you - Ik hou je in de gaten
- I've got my eye on you - Ik hou je in de gaten
- The fact is that - Het feit is dat
- The fact is that - Het feit is dat
- That's all there is to it - Dat is alles wat er is
- That's all there is to it - Dat is alles wat er is
- Say hi to him for me - Doe hem de groeten van me
- Say hi to him for me - Doe hem de groeten van me
- The moral of the story - Het moraal van het verhaal
- The moral of the story - Het moraal van het verhaal

- It doesn't hurt to try - Het doet geen pijn om het te proberen
- It doesn't hurt to try - Het doet geen pijn om het te proberen
- How did you meet each other? - Hoe hebben jullie elkaar ontmoet?
- How did you meet each other? - Hoe hebben jullie elkaar ontmoet?
- Out of the loop - Uit de lus
- Out of the loop - Uit de lus
- What do you want me to do? - Wat wil je dat ik doe?
- What do you want me to do? - Wat wil je dat ik doe?
- It makes me emotional - Het maakt me emotioneel
- It makes me emotional - Het maakt me emotioneel
- You make everything difficult - Je maakt alles moeilijk
- You make everything difficult -Je maakt alles moeilijk
- You make everything easy - Je maakt alles gemakkelijk
- You make everything easy - Je maakt alles gemakkelijk

- It makes me wonder - Het doet me denken
- It makes me wonder - Het doet me denken
- It makes me hungry - Ik krijg er honger van
- It makes me hungry - Ik krijg er honger van
- By trial and error - Met vallen en opstaan
- By trial and error - Met vallen en opstaan
- I'm used to it - ik ben eraan gewend
- I'm used to it - ik ben eraan gewend
- Do me a favor - Doe me een plezier
- Do me a favor - Doe me een plezier
- On closer inspection - Bij nadere inspectie
- On closer inspection - Bij nadere inspectie
- To have better things to do - Betere dingen te doen hebben
- To have better things to do - Betere dingen te doen hebben
- Middle ground - Middengrond

- Middle ground - Middengrond

Conversational Phrases 3

- In worst-case scenario ... - in het slechtste geval
- In worst-case scenario ... - in het slechtste geval
- It annoys me a little bit - Het irriteert me een beetje
- It annoys me a little bit - Het irriteert me een beetje
- It really makes my blood boil - Het laat mijn bloed echt koken
- It really makes my blood boil - Het laat mijn bloed echt koken
- Fasten your seat-belts! - Doe uw veiligheidsgordels om!
- Fasten your seat-belts! - Doe uw veiligheidsgordels om!
- Calm down - Rustig aan
- Calm down - Rustig aan
- All over the place - Overal
- All over the place - Overal

- Not even in dreams - Zelfs niet in dromen
- Not even in dreams - Zelfs niet in dromen
- Something came up - Er kwam iets tussen
- Something came up - Er kwam iets tussen
- None of your business - Gaat je niets aan
- None of your business - Gaat je niets aan
- Every little bit helps - Elk kleine beetje helpt
- Every little bit helps - Elk kleine beetje helpt
- To fill in the blanks - Om de lege plekken in te vullen
- To fill in the blanks - Om de lege plekken in te vullen
- You look great tonight - Je ziet er geweldig uit vanavond
- You look great tonight - Je ziet er geweldig uit vanavond

- My Russian's a bit rusty - Mijn Russisch is een beetje roestig
- My Russian's a bit rusty - Mijn Russisch is een beetje roestig
- They totally fell for it - Ze vielen er helemaal voor
- They totally fell for it - Ze vielen er helemaal voor
- She gave him the evil eye - Ze gaf hem het boze oog
- She gave him the evil eye - Ze gaf hem het boze oog
- If you want something done right, do it yourself - Als je iets goed gedaan wilt hebben, doe het dan zelf
- If you want something done right, do it yourself - Als je iets goed gedaan wilt hebben, doe het dan zelf
- We are halfway through - We zijn halverwege
- We are halfway through - We zijn halverwege
- Roll the dice - Gooi de dobbelstenen
- Roll the dice - Gooi de dobbelstenen

- Should I bring the umbrella? - Moet ik de paraplu meenemen?
- Should I bring the umbrella? - Moet ik de paraplu meenemen?
- You'll see when you have one of your own - Je zult zien wanneer je er een hebt
- You'll see when you have one of your own - Je zult zien wanneer je er een hebt
- In hindsight - Achteraf gezien
- In hindsight -Achteraf gezien
- We'll keep you posted - We zullen je op de hoogte houden
- We'll keep you posted - We zullen je op de hoogte houden
- If I were in your shoes - Als ik in jouw schoenen stond
- If I were in your shoes - Als ik in jouw schoenen stond
- Get a grip - Grip krijgen
- Get a grip - Grip krijgen
- Life goes on - Het leven gaat door
- Life goes on - Het leven gaat door

- Every step of the way - Elke stap van de weg
- Every step of the way - Elke stap van de weg
- At the top of one's lungs - Op het lijf
- At the top of one's lungs - Op het lijf
- My lips are sealed - Mijn lippen zijn verzegeld
- My lips are sealed - Mijn lippen zijn verzegeld
- Bittersweet - Bitterzoet
- Bittersweet - Bitterzoet
- The signal is bad - Het signaal is slecht
- The signal is bad - Het signaal is slecht
- Imagine that! - Stel je voor dat!
- Imagine that! - Stel je voor dat!
- Your message confused me - Je bericht heeft me in de war gebracht
- Your message confused me - Je bericht heeft me in de war gebracht
- Step by step - Stap voor stap
- Step by step - Stap voor stap
- Scarred for life - Bang voor het leven
- Scarred for life - Bang voor het leven

- 9 times out of 10 - 9 van de 10 keer
- 9 times out of 10 - 9 van de 10 keer
- Show us what you're capable of - Laat ons zien waartoe u in staat bent
- Show us what you're capable of - Laat ons zien waartoe u in staat bent
- All roads lead to Rome - Alle wegen lijden naar Rome
- All roads lead to Rome - Alle wegen lijden naar Rome
- You have a way with words - Je hebt een manier met woorden
- You have a way with words - Je hebt een manier met woorden
- Really?! No way!! - Werkelijk?! Echt niet!!
- Really?! No way!! - Werkelijk?! Echt niet!!
- I have to blow my nose - Ik moet mijn neus snuiten
- I have to blow my nose - Ik moet mijn neus snuiten
- Out of the ordinary - Buitengewoon
- Out of the ordinary - Buitengewoon

- It works like a charm - Het werkt als een charme
- It works like a charm - Het werkt als een charme
- I'm in seventh heaven - Ik ben in de zevende hemel
- I'm in seventh heaven - Ik ben in de zevende hemel
- Keep a low profile! - Houd een laag profiel!
- Keep a low profile! - Houd een laag profiel!
- Don't be a sore loser! - Wees geen zere verliezer!
- Don't be a sore loser! - Wees geen zere verliezer!
- No pain, no gain - Wie mooi wil zijn moet pijn lijden
- No pain, no gain - Wie mooi wil zijn moet pijn lijden
- With all due respect - Met alle respect
- With all due respect - Met alle respect
- A matter of necessity - Een kwestie van noodzaak

- A matter of necessity - Een kwestie van noodzaak
- Less and less - Minder en minder
- Less and less - Minder en minder
- More and more - Meer en meer
- More and more - Meer en meer
- A clean slate - Een schone lei
- A clean slate - Een schone lei
- First come, first served - Wie het eerst komt het eerst maalt
- First come, first served - Wie het eerst komt het eerst maalt
- I reap the reward - Ik oogst de beloning
- I reap the reward - Ik oogst de beloning
- Cross your fingers! - Duimen!
- Cross your fingers! - Duimen!
- It exceeded our wildest expectations - Het overtrof onze stoutste verwachtingen
- It exceeded our wildest expectations - Het overtrof onze stoutste verwachtingen
- Loud and clear - Luid en duidelijk
- Loud and clear - Luid en duidelijk

- Are you out of your mind? - Ben je gek geworden?
- Are you out of your mind? - Ben je gek geworden?
- You don't know until you try - Je weet het pas als je het probeert
- You don't know until you try - Je weet het pas als je het probeert
- It's not what I'm used to - Het is niet wat ik gewend ben
- It's not what I'm used to - Het is niet wat ik gewend ben
- I missed the chance - Ik heb de kans gemist
- I missed the chance - Ik heb de kans gemist
- It was the least I could do. - Het was het minste wat ik kon doen.
- It was the least I could do. - Het was het minste wat ik kon doen.
- Gimme a high five - geef me een high five
- Gimme a high five - geef me een high five

- More or less - Min of meer
- More or less - Min of meer
- Sorry I got carried away - Sorry dat ik me heb laten meeslepen
- Sorry I got carried away - Sorry dat ik me heb laten meeslepen
- There's a strike scheduled - Er is een staking gepland
- There's a strike scheduled - Er is een staking gepland
- Get it over with! - Maak het af!
- Get it over with! - Maak het af!
- You deserve it - Je verdient het
- You deserve it - Je verdient het
- Ditto - idem dito
- Ditto - idem dito
- No ifs, ands, or buts - Geen Als, en of maar
- No ifs, ands, or buts - Geen Als, en of maar
- Don't take it the wrong way - Neem het niet verkeerd op
- Don't take it the wrong way - Neem het niet verkeerd op

- There's something that doesn't add up - Er is iets dat niet klopt
- There's something that doesn't add up - Er is iets dat niet klopt
- I lost track of time - ik ben de tijd vergeten
- I lost track of time - ik ben de tijd vergeten
- To each his own - Ieder zijn eigen
- To each his own - Ieder zijn eigen
- For what it's worth - Voor wat het waard is
- For what it's worth - Voor wat het waard is
- It slipped my mind - Het is me ontschoten
- It slipped my mind - Het is me ontschoten
- In your neck of the woods - In je nek van het bos
- In your neck of the woods - In je nek van het bos
- We barely talk - We praten nauwelijks
- We barely talk - We praten nauwelijks

- I barely know her - Ik ken haar nauwelijks
- I barely know her - Ik ken haar nauwelijks
- To cut a long story short - Om een lang verhaal kort te maken
- To cut a long story short - Om een lang verhaal kort te maken
- Off the top of my head - Uit mijn hoofd
- Off the top of my head - Uit mijn hoofd
- I've got your back - Ik ben er voor je
- I've got your back - Ik ben er voor je
- The life of the party - Het leven van het feest
- The life of the party - Het leven van het feest
- Been there done that - Is daar dat gedaan
- Been there done that - Is daar dat gedaan
- For all intents and purposes - For all intents and purposes
- For all intents and purposes - For all intents and purposes

- It could come in handy - Het kan van pas komen
- It could come in handy - Het kan van pas komen
- The impression I get ... - De indruk die ik krijg ...
- The impression I get ... - De indruk die ik krijg ...
- Desperate times call for desperate measures - Wanhopige tijden vragen om wanhopige maatregelen
- Desperate times call for desperate measures - Wanhopige tijden vragen om wanhopige maatregelen
- You deserve each other - Je verdient elkaar
- You deserve each other - Je verdient elkaar
- I don't want to hold you up - Ik wil je niet ophouden
- I don't want to hold you up - Ik wil je niet ophouden
- You're such a klutz - Je bent zo'n kluns
- You're such a klutz - Je bent zo'n kluns

- I'm such a ditz - Ik ben zo'n idioot
- I'm such a ditz - Ik ben zo'n idioot
- It's just a fad - Het is gewoon een bevlieging
- It's just a fad - Het is gewoon een bevlieging
- It's an acquired taste - Het is een verworven smaak
- It's an acquired taste - Het is een verworven smaak
- Eat your heart out! - Eet je hart uit!
- Eat your heart out! - Eet je hart uit!
- Come rain or shine - Of het nu regent of wanneer de zon schijnt
- Come rain or shine - Of het nu regent of wanneer de zon schijnt
- I have to double-check - Ik moet het controleren
- I have to double-check - Ik moet het controleren
- What doesn't kill you makes you stronger - Wat je niet doodt, maakt je sterker

- What doesn't kill you makes you stronger - Wat je niet doodt, maakt je sterker
- Is it just me or is getting hot in here? - Ligt het aan mij of wordt het hier warm?
- Is it just me or is getting hot in here? - Ligt het aan mij of wordt het hier warm?
- It's getting more serious - Het wordt serieuzer
- It's getting more serious - Het wordt serieuzer
- Imagine if you could ... - Stel je voor dat je ...
- Imagine if you could ... - Stel je voor dat je ...
- Time will tell - De tijd zal het leren
- Time will tell - De tijd zal het leren

Conversational Phrases 4

- It never lives up to my expectations - Het voldoet nooit aan mijn verwachtingen

- It never lives up to my expectations - Het voldoet nooit aan mijn verwachtingen
- I wasn't born yesterday - Ik ben gisteren niet geboren
- I wasn't born yesterday - Ik ben gisteren niet geboren
- Don't roll your eyes at me! - Richt je ogen niet op mij!
- Don't roll your eyes at me! - Richt je ogen niet op mij!
- You'll get used to it - Je zal er aan wennen
- You'll get used to it - Je zal er aan wennen
- Are you ticklish? - Kan je tegen kietelen?
- Are you ticklish? - Kan je tegen kietelen?
- That tickles! - Dat kietelt!
- That tickles! - Dat kietelt!
- Stay in touch - Blijf op de hoogte
- Stay in touch - Blijf op de hoogte
- Time is running out - De tijd raakt op

- Time is running out - De tijd raakt op
- I would've come if I had known - Ik zou zijn gekomen als ik het had geweten
- I would've come if I had known - Ik zou zijn gekomen als ik het had geweten
- It must've cost you an arm and a leg - Het moet je een arm en een been hebben gekost
- It must've cost you an arm and a leg - Het moet je een arm en een been hebben gekost
- Will you visit us? - Ga je ons bezoeken?
- Will you visit us? - Ga je ons bezoeken?
- Go ahead of me, if you want - Ga me voor, als je wilt
- Go ahead of me, if you want - Ga me voor, als je wilt
- Feel free - Voel je vrij
- Feel free - Voel je vrij
- Are you on good terms? - Heb je goede voorwaarden?
- Are you on good terms? - Heb je goede voorwaarden?

- I felt like I didn't belong - Ik voelde me alsof ik er niet bij hoorde
- I felt like I didn't belong - Ik voelde me alsof ik er niet bij hoorde
- I felt something move - Ik voelde iets bewegen
- I felt something move - Ik voelde iets bewegen
- Did you stay up late last night - Ben je gisteravond laat opblijven?
- Did you stay up late last night - Ben je gisteravond laat opblijven?
- I ran into Paolo the other day - Ik kwam Paolo laatst tegen
- I ran into Paolo the other day - Ik kwam Paolo laatst tegen
- Sorry, I didn't realize you were in line - Sorry, ik wist niet dat je in de rij stond
- Sorry, I didn't realize you were in line - Sorry, ik wist niet dat je in de rij stond
- The third time's a charm - De derde keer is een charme
- The third time's a charm - De derde keer is een charme

- Your fly is down. - Je vlieg is naar beneden.
- Your fly is down. - Je vlieg is naar beneden.
- Your shoes are untied - Je schoenen zijn ongebonden
- Your shoes are untied - Je schoenen zijn ongebonden
- All I have are 5 euros - Alles wat ik heb is 5 euro
- All I have are 5 euros - Alles wat ik heb is 5 euro
- My mind keeps wandering - Mijn geest blijft ronddolen
- My mind keeps wandering - Mijn geest blijft ronddolen
- How long have you been attending the University of Delft? - Hoe lang studeer je al aan de Universiteit van Delft?
- How long have you been attending the University of Delft? - Hoe lang studeer je al aan de Universiteit van Delft?
- I'll take that as a compliment - ik zal dat als een compliment beschouwen

- I'll take that as a compliment - ik zal dat als een compliment beschouwen
- I have to run an errand - Ik moet een boodschap doen
- I have to run an errand - Ik moet een boodschap doen
- Hard work always pays off - Hard werken loont altijd
- Hard work always pays off - Hard werken loont altijd
- I'll figure it out - ik kom er wel uit
- I'll figure it out - ik kom er wel uit
- Let me get out of your way - Laat me uit de weg gaan
- Let me get out of your way - Laat me uit de weg gaan
- He has an agenda - Hij heeft een agenda
- He has an agenda - Hij heeft een agenda
- There's a 10% chance that ... - Er is een kans van 10% dat ...
- There's a 10% chance that ... - Er is een kans van 10% dat ...

- For better or worse - In voor en tegenspoed
- For better or worse - In voor en tegenspoed
- Actions speak louder than words - Geen woorden maar daden
- Actions speak louder than words - Geen woorden maar daden
- I knew I would like you guys - Ik wist dat ik jullie leuk zou vinden
- I knew I would like you guys - Ik wist dat ik jullie leuk zou vinden
- They told us they would cook dinner - Ze vertelden ons dat ze zouden koken
- They told us they would cook dinner - Ze vertelden ons dat ze zouden koken
- Hurrah! - Hoera!
- Hurrah! - Hoera!
- The last straw - De laatste strohalm
- The last straw - De laatste strohalm
- And they lived happily ever after - En ze leefden nog lang en gelukkig
- And they lived happily ever after - En ze leefden nog lang en gelukkig

- Last but not least - Tenslotte
- Last but not least - Tenslotte
- Don't hold it against me - Houd het niet tegen mij
- Don't hold it against me - Houd het niet tegen mij
- As you see fit - Wat je passend vindt
- As you see fit - Wat je passend vindt
- Tell me a bit about yourself - Vertel me een beetje over jezelf
- Tell me a bit about yourself - Vertel me een beetje over jezelf
- Tell me about your new boyfriend - Vertel me over je nieuwe vriendje
- Tell me about your new boyfriend - Vertel me over je nieuwe vriendje
- Are you free tomorrow? - Ben je morgen vrij?
- Are you free tomorrow? - Ben je morgen vrij?
- Are they still together? - Zijn ze nog steeds samen?
- Are they still together? - Zijn ze nog steeds samen?

- Either you love it or you hate it - Of je houdt ervan of je haat het
- Either you love it or you hate it - Of je houdt ervan of je haat het
- Don't jinx it - Jinx het niet
- Don't jinx it - Jinx het niet
- Tough luck! - Pech!
- Tough luck! - Pech!
- It's necessary that - Het is noodzakelijk dat
- It's necessary that - Het is noodzakelijk dat
- It's good that - Het is goed dat
- It's good that - Het is goed dat
- It's understandable that - Dat is begrijpelijk
- It's understandable that - Dat is begrijpelijk
- It's unlikely that - Dat is onwaarschijnlijk
- It's unlikely that - Dat is onwaarschijnlijk
- My favorite occupation is… - Mijn favoriete bezigheid is ...
- My favorite occupation is… - Mijn favoriete bezigheid is ...

- What do you like doing best? - Wat doe je het liefst?
- What do you like doing best? - Wat doe je het liefst?
- What do you do in your free time? - Wat doe je in je vrije tijd?
- What do you do in your free time? - Wat doe je in je vrije tijd?
- I like singing. - Ik vind zingen leuk.
- I like singing. - Ik vind zingen leuk.
- I like cooking. - Ik hou van koken.
- I like cooking. - Ik hou van koken.
- I like playing soccer. - Ik speel graag voetbal.
- I like playing soccer. - Ik speel graag voetbal.
- I like playing basketball. - Ik vind basketbal leuk.
- I like playing basketball. - Ik vind basketbal leuk.
- I like listening to music. - Ik luister graag naar muziek.
- I like listening to music. - Ik luister graag naar muziek.

- I like reading. - Ik hou van lezen.
- I like reading. - Ik hou van lezen.
- I like surfing the net. -Ik hou van surfen op het net.
- I like surfing the net. -Ik hou van surfen op het net.
- I like scuba diving - Ik hou van duiken
- I like scuba diving - Ik hou van duiken
- I like to relax. - Ik ontspan graag.
- I like to relax. - Ik ontspan graag.
- I like dancing. - Ik hou van dansen.
- I like dancing. - Ik hou van dansen.
- Let's go cycling, it's a beautiful day! - Laten we gaan fietsen, het is een mooie dag!
- Let's go cycling, it's a beautiful day! - Laten we gaan fietsen, het is een mooie dag!
- We are going to play football - We gaan voetballen
- We are going to play football - We gaan voetballen
- When are you going swimming? - Wanneer ga je zwemmen

- When are you going swimming? - Wanneer ga je zwemmen
- Pass the ball! - Pas de bal!
- Pass the ball! - Pas de bal!
- Bad move! - Slechte zet!
- Bad move! - Slechte zet!
- Can't believe you missed that! - Ik kan niet geloven dat je dat gemist hebt!
- Can't believe you missed that! - Ik kan niet geloven dat je dat gemist hebt!
- I'm really mad/pissed off - Ik ben echt boos / pissig
- I'm really mad/pissed off - Ik ben echt boos / pissig
- I lost my cell phone and I'm really mad! - Ik ben mijn mobiele telefoon kwijt en ben echt gek!
- I lost my cell phone and I'm really mad! - Ik ben mijn mobiele telefoon kwijt en ben echt gek!
- To make fun of - Belachelijk maken
- To make fun of - Belachelijk maken
- Only a few people - Slechts een paar mensen

- Only a few people - Slechts een paar mensen
- I couldn't care less - Het kan me niet schelen
- I couldn't care less - Het kan me niet schelen
- I'm a loner - Ik ben een einzelgänger
- I'm a loner - Ik ben een einzelgänger
- Almost never happens - Bijna nooit gebeurt
- Almost never happens - Bijna nooit gebeurt
- He's very rich - Hij is erg rijk
- He's very rich - Hij is erg rijk

Talking About the Weather

- In the afternoon, the weather will change. - In de middag zal het weer veranderen.
- In the afternoon, the weather will change. - In de middag zal het weer veranderen.

- The family is enjoying the fine weather. - De familie geniet van het mooie weer.
- The family is enjoying the fine weather. - De familie geniet van het mooie weer.
- Today's weather is sunny with occasional clouds. - Het weer van vandaag is zonnig met af en toe wolken.
- Today's weather is sunny with occasional clouds. - Het weer van vandaag is zonnig met af en toe wolken.
- Check the weather report - Bekijk het weerbericht
- Check the weather report - Bekijk het weerbericht
- Tomorrow's weather forecast - Morgen weersvoorspelling
- Tomorrow's weather forecast - Morgen weersvoorspelling
- Put on your jacket, because it's cold outside. - Trek je jas aan, want het is koud buiten.
- Put on your jacket, because it's cold outside. - Trek je jas aan, want het is koud buiten.

- Today it is very hot. - Vandaag is het erg warm
- Today it is very hot. - Vandaag is het erg warm
- It's raining now. - Het regent nu.
- It's raining now. - Het regent nu.
- It's snowing today. - Het sneeuwt vandaag.
- It's snowing today. - Het sneeuwt vandaag.
- It was snowing yesterday evening. - Het sneeuwde gisteravond.
- It was snowing yesterday evening. - Het sneeuwde gisteravond.
- It was raining during the weekend. - Het regende tijdens het weekend.
- It was raining during the weekend. - Het regende tijdens het weekend.
- What's the weather like? - Hoe is het weer?
- What's the weather like? - Hoe is het weer?
- It's beautiful weather. - Het is prachtig weer.

- It's beautiful weather. - Het is prachtig weer.
- It's bad weather. - Het is slecht weer.
- It's bad weather. - Het is slecht weer.
- There is humidity. - Er is vocht.
- There is humidity. - Er is vocht.
- It's sunny. - Het is zonnig.
- It's sunny. - Het is zonnig.
- There are clouds. - Er zijn wolken.
- There are clouds. - Er zijn wolken.
- There is a storm. - Er is een storm.
- There is a storm. - Er is een storm.

Religion

- Thanks be to God - God zij dank
- Thanks be to God - God zij dank
- For God so loved the world - Want God hield zoveel van de wereld
- For God so loved the world - Want God hield zoveel van de wereld
- The Lord's Prayer - Het Onze Vader

- The Lord's Prayer - Het Onze Vader
- Immortality of the soul - Onsterfelijkheid van de ziel
- Immortality of the soul - Onsterfelijkheid van de ziel
- Near-death experience - Bijna dood ervaring
- Near-death experience - Bijna dood ervaring
- I praise - Ik prijs
- I praise - Ik prijs
- Stand up - Sta op
- Stand up - Sta op
- Let us pray - Laten we bidden
- Let us pray - Laten we bidden
- I set free - Ik heb vrijgelaten
- I set free - Ik heb vrijgelaten
- He has the patience of Job - Hij heeft het geduld van Job
- He has the patience of Job - Hij heeft het geduld van Job
- To come as no revelation - Als geen openbaring komen

- To come as no revelation - Als geen openbaring komen
- To lay down one's life - Je leven neerleggen
- To lay down one's life - Je leven neerleggen
- In the likeness of man - In de gelijkenis van de mens
- In the likeness of man - In de gelijkenis van de mens
- Our Father in heaven - Onze Vader in de hemel
- Our Father in heaven - Onze Vader in de hemel
- For my sake - Voor mijn bestwil
- For my sake - Voor mijn bestwil
- He restores my soul - Hij herstelt mijn ziel
- He restores my soul - Hij herstelt mijn ziel

Expressions

- to let the cat out of the bag - Nu komt de aap uit de mouw
- to let the cat out of the bag - Nu komt de aap uit de mouw
- **It's raining cats and dogs** - Het regent pijpenstelen
- **It's raining cats and dogs** - Het regent pijpenstelen
- a pig in lipstick - Al draagt een aap een gouden ring, het is en blijft een lelijk ding
- a pig in lipstick - Al draagt een aap een gouden ring, het is en blijft een lelijk ding
- to make a mountain out of a molehill - Van een mug een olifant maken
- to make a mountain out of a molehill - Van een mug een olifant maken

- People in glass houses shouldn't throw stones - Wie boter op zijn hoofd heeft, moet uit de zon blijven
- People in glass houses shouldn't throw stones - Wie boter op zijn hoofd heeft, moet uit de zon blijven
- No strings attached - vrijblijvend
- No strings attached - vrijblijvend
- When the cats away, the mice will play. - Als de kat van huis is, dansen de muizen op tafel.
- When the cats away, the mice will play - Als de kat van huis is, dansen de muizen op tafel.
- To take someones breath away - Hij staat met zijn mond vol tanden.
- To take someones breath away - Hij staat met zijn mond vol tanden.
- The apple does not fall far from the tree. - De appel valt niet ver van de boom.

- The apple does not fall far from the tree. - De appel valt niet ver van de boom.
- To be tongue tied - Hij staat met zijn mond vol tanden
- To be tongue tied - Hij staat met zijn mond vol tanden
- Fool me once, shame on you; fool me twice, shame on me. - Een ezel stoot zich niet twee keer aan dezelfde steen.
- Fool me once, shame on you; fool me twice, shame on me. - Een ezel stoot zich niet twee keer aan dezelfde steen.
- A piece of cake. - Een fluitje van een cent
- A piece of cake. - Een fluitje van een cent
- Home sweet home - Oost west, thuis best
- Home sweet home - Oost west, thuis best

- Out of sight, out of mind. - Uit het oog, uit het hart.
- Out of sight, out of mind. - Uit het oog, uit het hart.
- A tree is known by its fruit. - Aan de vruchten kent men den boom.
- A tree is known by its fruit. - Aan de vruchten kent men den boom.
- The best defence is a good offence. - Aanval is de beste verdediging
- The best defence is a good offence. - Aanval is de beste verdediging
- Give him an inch he will take a yard. - Als je hem een vinger geeft, neemt hij de hele hand.
- Give him an inch he will take a yard. - Als je hem een vinger geeft, neemt hij de hele hand.
- Better safe than sorry. - Beter hard geblazen, dan de mond gebrand.
- Better safe than sorry. - Beter hard geblazen, dan de mond gebrand.
- Better late than never. - 'Beter laat dan nooit
- Better late than never. - 'Beter laat dan nooit

- Look before you leap. - Bezint eer gij begint.
- Look before you leap. - Bezint eer gij begint.
- A chain is only as strong as its weakest link. - De draad breekt daar hij zwakst is.
- A chain is only as strong as its weakest link.- De draad breekt daar hij zwakst is.
- The last will be first, and the first last. - De eersten zullen de laatsten zijn.
- The last will be first, and the first last. - De eersten zullen de laatsten zijn.
- First come, first served. - Wie eerst komt, wie eerst maalt.
- First come, first served. - Wie eerst komt, wie eerst maalt.
- All is well that ends well. - Eind goed, al goed.
- All is well that ends well. - Eind goed, al goed.

- All that glitters is not gold.- Het is niet alles goud wat er blinkt.
- All that glitters is not gold. - Het is niet alles goud wat er blinkt.
- The more the merrier. - Hoe meer zielen, hoe meer vreugd.
- The more the merrier. - Hoe meer zielen, hoe meer vreugd.
- Pride comes before fall. - Hoogmoed komt voor de val
- Pride comes before fall. - Hoogmoed komt voor de val
- Don't count your chickens before they're hatched. - Men moet de dag niet prijzen voor het avond is.
- Don't count your chickens before they're hatched. - Men moet de dag niet prijzen voor het avond is.
- Don't put all your eggs in the same basket. - Men moet niet de eieren onder een hen (kip) leggen.

- Don't put all your eggs in the same basket. - Men moet niet de eiren onder een hen (kip) leggen.
- Don't burn the candles at both ends. - Men moet niet het huis door de glazen gooien.
- Don't burn the candles at both ends. - Men moet niet het huis door de glazen gooien.
- Measure thrice, cut once.- Meet driemaal eer gij eens snijdt.
- Measure thrice, cut once. - Meet driemaal eer gij eens snijdt.
- After rain comes sunshine. - Na regen komt zonneschijn.
- After rain comes sunshine. - Na regen komt zonneschijn.
- Misery loves company. - Ongeluk komt zelden alleen.

- Misery loves company. - Ongeluk komt zelden alleen.
- Do not throw pearls before swine. - Paarlen voor de varkens strooijen
- Do not throw pearls before swine. - Paarlen voor de varkens strooijen
- Kill two birds with one stone.- Twee vliegen in één klap.
- Kill two birds with one stone. - Twee vliegen in één klap.
- Of two evils choose the least.- an twee kwalen moet men de ergste mijden.
- Of two evils choose the least. - an twee kwalen moet men de ergste mijden.
- It takes two to tango. - Wat baten kaars en bril, als den uil niet zienen wil..
- It takes two to tango. -Wat baten kaars en bril, als den uil niet zienen wil..
- God created the earth, but the Dutch created the Netherlands. - God schiep

114

de aarde, maar de Hollanders schiepen Holland
- God created the earth, but the Dutch created the Netherlands. - God schiep de aarde, maar de Hollanders schiepen Holland
- The early bird catches the worm.. - De morgenstond heeft goud in de mond
- The early bird catches the worm.. - De morgenstond heeft goud in de mond
- It's all or nothing. - Als het niet klinkt, dan botst het wel
- It's all or nothing. - Als het niet klinkt, dan botst het wel
- Things always seem to happen when you least expect them. - Waar men het minst verwacht springt de haas uit de gracht
- Things always seem to happen when you least expect them. - Waar men het

minst verwacht springt de haas uit de gracht
- Blood is thicker than water.- Het hemd is nader dan de rok
- Blood is thicker than water. -Het hemd is nader dan de rok
- Slow and steady wins the race. - Die zich haast als hij tijd heeft, heeft tijd als hij haast heeft
- Slow and steady wins the race. - Die zich haast als hij tijd heeft, heeft tijd als hij haast heeft
- No pain, no gain - aan de rand van het ravijn bloeien de mooiste bloemen
- No pain, no gain - aan de rand van het ravijn bloeien de mooiste bloemen
- it's do or die.- Het is buigen of barsten
- it's do or die.- Het is buigen of barsten
- Time will tell. - Komt tijd, komt raad
- Time will tell. Komt tijd, komt raad

- Experience is the mother of wisdom - Ervaring is de wijsheid der dwazen
- Experience is the mother of wisdom - Ervaring is de wijsheid der dwazen

Times and Measurements

- There are seven days in a week. - Er zijn zeven dagen in een week
- There are seven days in a week. - Er zijn zeven dagen in een week
- Today is Saturday, September 10th. - Vandaag is het zaterdag 10 september.
- Today is Saturday, September 10th. - Vandaag is het zaterdag 10 september.
- Tomorrow afternoon - Morgenmiddag
- Tomorrow afternoon - Morgenmiddag
- I marked our anniversary on the calendar. - Ik heb ons jubileum op de kalender gemarkeerd.

- I marked our anniversary on the calendar. - Ik heb ons jubileum op de kalender gemarkeerd.
- I sleep for 8 hours every day. - Ik slaap elke dag 8 uur.
- I sleep for 8 hours every day. - Ik slaap elke dag 8 uur.
- Three minutes - Drie minuten
- Three minutes - Drie minuten
- The clock reads eight minutes to twelve. - De klok geeft acht minuten voor twaalf aan.
- The clock reads eight minutes to twelve. - De klok geeft acht minuten voor twaalf aan.
- Not long ago - Niet lang geleden
- Not long ago - Niet lang geleden
- Shortly after - Kort daarna
- Shortly after - Kort daarna
- I've been waiting for 3 hours - Ik heb 3 uur gewacht

- I've been waiting for 3 hours - Ik heb 3 uur gewacht
- I've been waiting since 3 o'clock - Ik wacht al sinds 3 uur
- I've been waiting since 3 o'clock - Ik wacht al sinds 3 uur
- How long has it been raining? - Hoe lang regent het al?
- How long has it been raining? - Hoe lang regent het al?
- It's been raining for an hour - Het regent al een uur
- It's been raining for an hour - Het regent al een uur
- How long have you known Olivia? - Hoe lang ken je Olivia al?
- How long have you known Olivia? - Hoe lang ken je Olivia al?
- I've known her for a long time - Ik ken haar al lang
- I've known her for a long time - Ik ken haar al lang
- We've been friends since 2013 - Sinds 2013 zijn we vrienden
- We've been friends since 2013 - Sinds 2013 zijn we vrienden

- In about 2 years - Over ongeveer 2 jaar
- In about 2 years - Over ongeveer 2 jaar
- At the turn of the century - Bij de eeuwwisseling
- At the turn of the century - Bij de eeuwwisseling
- Straddling the 80's & the 90's - Verspreid over de jaren 80 en 90
- Straddling the 80's & the 90's - Verspreid over de jaren 80 en 90
- In about 2 months - Over ongeveer 2 maanden
- In about 2 months - Over ongeveer 2 maanden
- Just in time - Net op tijd
- Just in time - Net op tijd
- Never ever - Nooit
- Never ever - Nooit
- A little less than an hour - Iets minder dan een uur
- A little less than an hour - Iets minder dan een uur
- About 16 feet 5 inches long - Ongeveer 16 voet 5 centimeter lang
- About 16 feet 5 inches long - Ongeveer 16 voet 5 centimeter lang

- 5 feet 11 inches high - 5 voet 11 centimeter hoog
- 5 feet 11 inches high - 5 voet 11 centimeter hoog
- 4 inches thick - 4 centimeter dik
- 4 inches thick - 4 centimeter dik
- 1 foot wide - 1 voet breed
- 1 foot wide - 1 voet breed
- A bit more than a meter deep - Iets meer dan een meter diep
- A bit more than a meter deep - Iets meer dan een meter diep

Dating

- We should go out just us two sometime. - We moeten eens met ons tweeën uitgaan.
- We should go out just us two sometime. - We moeten eens met ons tweeën uitgaan.
- Are you free tonight? - Ben je vrij vanavond?
- Are you free tonight? - Ben je vrij vanavond?

- Why don't we meet again? - Waarom ontmoeten we elkaar niet opnieuw?
- Why don't we meet again? - Waarom ontmoeten we elkaar niet opnieuw?
- What's your phone number? - Wat is je telefoonnummer?
- What's your phone number? - Wat is je telefoonnummer?
- Can I invite you to dinner? - Kan ik je uitnodigen voor het avondeten?
- Can I invite you to dinner? - Kan ik je uitnodigen voor het avondeten?
- I'm paying. - Ik betaal.
- I'm paying. - Ik betaal.
- I like you so much. - Ik vind je zo leuk.
- I like you so much. - Ik vind je zo leuk.
- I'm very flattered - Ik ben erg gevleid
- I'm very flattered - Ik ben erg gevleid
- Do you want to be my girlfriend? - Wil je mijn vriendin zijn?
- Do you want to be my girlfriend? - Wil je mijn vriendin zijn?
- I miss you. - Ik mis je.
- I miss you. - Ik mis je.
- I love you, my dear. - Ik hou van je schat.
- I love you, my dear. - Ik hou van je schat.

- I wish I could kiss you right now. - Ik wou dat ik je nu kon kussen.
- I wish I could kiss you right now. - Ik wou dat ik je nu kon kussen.
- Good morning beautiful - Goedemorgen schoonheid
- Good morning beautiful - Goedemorgen schoonheid
- You caught my eye right away. - Je viel meteen op
- You caught my eye right away. - Je viel meteen op
- I love you! - Ik hou van jou!
- I love you! - Ik hou van jou!
- You are everything to me - Jij bent alles voor mij
- You are everything to me - Jij bent alles voor mij
- I want you. - Ik wil jou.
- I want you. - Ik wil jou.
- Marry me! - Trouw met mij!
- Marry me! - Trouw met mij!
- You're the man/woman of my dreams! - Jij bent de man / vrouw van mijn dromen!
- You're the man/woman of my dreams! - Jij bent de man / vrouw van mijn dromen!

- You're incredible - Jij bent geweldig
- You're incredible - Jij bent geweldig
- I'm always thinking about you. - ik denk altijd aan je
- I'm always thinking about you. - ik denk altijd aan je
- I'm crazy about you - ik ben gek van je
- I'm crazy about you - ik ben gek van je
- Can you tell me more about you? - Kun je me meer over je vertellen?
- Can you tell me more about you? - Kun je me meer over je vertellen?
- Are you married? - Ben jij getrouwd?
- Are you married? - Ben jij getrouwd?
- I'm single - ik ben alleenstaand
- I'm single - ik ben alleenstaand
- I'm married - ik ben getrouwd
- I'm married - ik ben getrouwd
- Sorry, I'm not interested. I have a boy/girlfriend - Sorry ik ben niet geïnteresseerd. Ik heb een jongen / vriendin
- Sorry, I'm not interested. I have a boy/girlfriend - Sorry ik ben niet geïnteresseerd. Ik heb een jongen / vriendin

- Can I have your email? - Mag ik je email hebben?
- Can I have your email? - Mag ik je email hebben?
- Do you have children? - Heb je kinderen?
- Do you have children? - Heb je kinderen?
- You are my soul mate. - Jij bent mijn zielsverwant
- You are my soul mate. - Jij bent mijn zielsverwant
- You changed my life. - Je hebt mijn leven veranderd.
- You changed my life. - Je hebt mijn leven veranderd.
- I can't live without you - Ik kan niet leven zonder jou
- I can't live without you - Ik kan niet leven zonder jou
- I'm falling in love with you. - Ik ben verliefd op jou
- I'm falling in love with you. - Ik ben verliefd op jou
- Embrace me! - Omhels me!
- Embrace me! - Omhels me!
- I could never stop loving you. - Ik kon nooit stoppen van je te houden.

- I could never stop loving you. - Ik kon nooit stoppen van je te houden.
- I want to make love to you. - Ik wil met je vrijen.
- I want to make love to you. - Ik wil met je vrijen.
- I would do everything for you. - Ik zou alles voor je doen.
- I would do everything for you. - Ik zou alles voor je doen.
- Did s/he hit on you? - Heeft hij je geslagen?
- Did s/he hit on you? - Heeft hij je geslagen?
- To play hard to get - Om moeilijk te spelen te krijgen
- To play hard to get - Om moeilijk te spelen te krijgen
- To have a crush on - Om verliefd op te zijn
- To have a crush on - Om verliefd op te zijn
- I'll pick you up at ... - Ik haal je op bij ...
- I'll pick you up at ... - Ik haal je op bij ...
- Friends with benefits - Vrienden met voordelen

- Friends with benefits - Vrienden met voordelen
- She got swept off her feet - Ze werd van haar voeten geveegd
- She got swept off her feet - Ze werd van haar voeten geveegd
- I want to tell you how I feel about you. - Ik wil je vertellen wat ik voor je voel.
- I want to tell you how I feel about you. - Ik wil je vertellen wat ik voor je voel.
- Would you like to go out to dinner with me? - Wil je met me uit eten?
- Would you like to go out to dinner with me? - Wil je met me uit eten?
- What time shall we meet tomorrow? - Hoe laat zullen we elkaar morgen ontmoeten?
- What time shall we meet tomorrow? - Hoe laat zullen we elkaar morgen ontmoeten?
- You look great. - Je ziet er goed uit.
- You look great. - Je ziet er goed uit.
- Shall we go somewhere else? - Zullen we ergens anders heen gaan?
- Shall we go somewhere else? - Zullen we ergens anders heen gaan?

- I will drive you home. - Ik zal je naar huis brengen.
- I will drive you home. - Ik zal je naar huis brengen.
- That was a great evening. - Dat was een geweldige avond.
- That was a great evening. - Dat was een geweldige avond.
- I'll call you. - Ik zal je bellen.
- I'll call you. - Ik zal je bellen.
- candlelit dinner - diner bij kaarslicht
- candlelit dinner - diner bij kaarslicht
- Go for a long walk - Maak een lange wandeling
- Go for a long walk - Maak een lange wandeling
- Walk on the beach - Wandeling op het strand
- Walk on the beach - Wandeling op het strand
- Have a picnic - Picknicken
- Have a picnic - Picknicken
- Cook a meal together - Kook samen een maaltijd
- Cook a meal together - Kook samen een maaltijd

- Have dinner and see a movie - Dineren en een film kijken
- Have dinner and see a movie - Dineren en een film kijken
- Will you be my Valentine? - Wil jij mijn Valentijn zijn?
- Will you be my Valentine? - Wil jij mijn Valentijn zijn?
- I think of you as more than a friend. - Ik beschouw jou als meer dan een vriend
- I think of you as more than a friend. -Ik beschouw jou als meer dan een vriend
- A hundred hearts would be too few to carry all my love for you. - Honderd harten zouden te weinig zijn om al mijn liefde voor jou te dragen.
- A hundred hearts would be too few to carry all my love for you. - Honderd harten zouden te weinig zijn om al mijn liefde voor jou te dragen.
- You make me want to be a better man. - Je laat me een betere man willen zijn.
- You make me want to be a better man. - Je laat me een betere man willen zijn.
- We were meant to be together. - Wij zijn voorbestemd samen te zijn.

- We were meant to be together. - Wij zijn voorbestemd samen te zijn.
- We need to talk. - We moeten praten.
- We need to talk. - We moeten praten.
- It's not you. It's me. - Jij bent het niet. Ik ben het
- It's not you. It's me. - Jij bent het niet. Ik ben het
- I'm just not ready for this kind of relationship. - Ik ben gewoon niet klaar voor dit soort relatie
- I'm just not ready for this kind of relationship. - Ik ben gewoon niet klaar voor dit soort relatie
- I think we need a break. - Ik denk dat we een pauze nodig hebben.
- I think we need a break. - Ik denk dat we een pauze nodig hebben.
- You deserve better. - Je verdient beter
- You deserve better. - Je verdient beter
- We should start seeing other people. - We zouden andere mensen moeten gaan zien.
- We should start seeing other people. - We zouden andere mensen moeten gaan zien.

- I need my space. - Ik heb mijn ruimte nodig.
- I need my space. - Ik heb mijn ruimte nodig.
- I think we're moving too fast. - Ik denk dat we te snel gaan
- I think we're moving too fast. - Ik denk dat we te snel gaan
- I need to focus on my career. - Ik moet me concentreren op mijn carrière.
- I need to focus on my career. - Ik moet me concentreren op mijn carrière.
- I'm not good enough for you. - Ik ben niet goed genoeg voor jou.
- I'm not good enough for you. - Ik ben niet goed genoeg voor jou.
- I just don't love you anymore. - Ik hou gewoon niet meer van je.
- I just don't love you anymore. - Ik hou gewoon niet meer van je.
- We're just not right for each other. - We zijn gewoon niet goed voor elkaar.
- We're just not right for each other. - We zijn gewoon niet goed voor elkaar.
- It's for the best. - Het is voor de beste.
- It's for the best. - Het is voor de beste.

- We've grown apart. - We zijn uit elkaar gegroeid.
- We've grown apart. - We zijn uit elkaar gegroeid.

At the Post Office

- Could I have an envelope, please? - Mag ik een envelop?
- Could I have an envelope, please? - Mag ik een envelop?
- Where's the postbox? - Waar is de brievenbus?
- Where's the postbox? - Waar is de brievenbus?
- I'd like to send this letter to ... - Ik wil deze brief graag sturen naar...
- I'd like to send this letter to ... - Ik wil deze brief graag sturen naar...
- Is the post office open tomorrow? - Is het postkantoor morgen open?
- Is the post office open tomorrow? - Is het postkantoor morgen open?
- What time is the next collection? - Hoe laat is de volgende collectie?

- What time is the next collection? - Hoe laat is de volgende collectie?
- Will you weigh this parcel for me, please. - Wilt u dit pakket alstublieft voor mij wegen?
- Will you weigh this parcel for me, please. - Wilt u dit pakket alstublieft voor mij wegen?
- Take a number and get in line. - Neem een nummer en ga in de rij staan.
- Take a number and get in line. - Neem een nummer en ga in de rij staan.
- I would like to send a parcel by express mail. - Ik wil graag een pakket per exprespost versturen.
- I would like to send a parcel by express mail. - Ik wil graag een pakket per exprespost versturen.

At The Bank

- I'd like to open a bank account. - Ik wil graag een bankrekening openen
- I'd like to open a bank account. - Ik wil graag een bankrekening openen

- Can I have a checkbook? - Mag ik een chequeboek?
- Can I have a checkbook? - Mag ik een chequeboek?
- Can I make a transfer? - Kan ik een overschrijving doen?
- Can I make a transfer? - Kan ik een overschrijving doen?
- My credit card does not work. - Mijn creditcard werkt niet.
- My credit card does not work. - Mijn creditcard werkt niet.
- Where can I get a bank statement? - Waar kan ik een bankafschrift krijgen?
- Where can I get a bank statement? - Waar kan ik een bankafschrift krijgen?
- I'd like to cash this check on my account. - Ik wil deze cheque verzilveren op mijn account.
- I'd like to cash this check on my account. - Ik wil deze cheque verzilveren op mijn account.
- What is the interest rate? - Wat is de rente?
- What is the interest rate? - Wat is de rente?

- Can I take advantage of the discount for young people? - Kan ik profiteren van de korting voor jongeren?
- Can I take advantage of the discount for young people? - Kan ik profiteren van de korting voor jongeren?
- Withdraw money. - Geld opnemen
- Withdraw money. - Geld opnemen
- I need a loan. - Ik heb een lening nodig.
- I need a loan. - Ik heb een lening nodig.

Business

- What's the dress code? - Wat is de dresscode?
- What's the dress code? - Wat is de dresscode?
- Is the meeting on time? - Is de vergadering op tijd?
- Is the meeting on time? - Is de vergadering op tijd?
- Are you open to negotiation? - Sta je open voor onderhandelingen?
- Are you open to negotiation? - Sta je open voor onderhandelingen?
- Would you accept a small gift? - Zou je een klein cadeautje accepteren?

- Would you accept a small gift? - Zou je een klein cadeautje accepteren?
- Sorry, I have to take this call - Sorry, ik moet dit telefoontje aannemen
- Sorry, I have to take this call - Sorry, ik moet dit telefoontje aannemen
- Let me make the first toast - Laat me de eerste toast maken
- Let me make the first toast - Laat me de eerste toast maken
- Let's get down to business - Terzake
- Let's get down to business - Terzake
- Cheers then, to our new project! - Proost dan, op ons nieuwe project!
- Cheers then, to our new project! - Proost dan, op ons nieuwe project!
- The deadline for the project is coming up - De deadline voor het project komt eraan
- The deadline for the project is coming up - De deadline voor het project komt eraan
- How much would this project cost? - Hoeveel zou dit project kosten?
- How much would this project cost? - Hoeveel zou dit project kosten?
- Could I have your business card? - Mag ik uw visitekaartje?

- Could I have your business card? - Mag ik uw visitekaartje?
- I'd like to take a week off in August. - Ik wil graag een week vrij nemen in augustus.
- I'd like to take a week off in August. - Ik wil graag een week vrij nemen in augustus.
- I quit - Ik stop
- I quit - Ik stop
- The people I work for - De mensen waar ik voor werk
- The people I work for - De mensen waar ik voor werk
- The company I work for - Het bedrijf waar ik voor werk
- The company I work for - Het bedrijf waar ik voor werk
- She has many different jobs. - Ze heeft veel verschillende banen.
- She has many different jobs. - Ze heeft veel verschillende banen.
- He didn't show up to work today. - Hij kwam vandaag niet opdagen om te werken
- He didn't show up to work today. - Hij kwam vandaag niet opdagen om te werken

- To work overtime - Overwerken
- To work overtime - Overwerken
- How did you get interested in this field? - Hoe bent u geïnteresseerd geraakt in dit veld?
- How did you get interested in this field? - Hoe bent u geïnteresseerd geraakt in dit veld?
- How'd you get into that line of work? - Hoe ben je in dat vak terecht gekomen?
- How'd you get into that line of work? - Hoe ben je in dat vak terecht gekomen?
- Revise a manuscript - Herzie een manuscript
- Revise a manuscript - Herzie een manuscript
- Revise the schedule - Wijzig het schema
- Revise the schedule - Wijzig het schema
- I couldn't work for a boss. - Ik kon niet voor een baas werken
- I couldn't work for a boss. - Ik kon niet voor een baas werken
- I launched my business because I wanted more freedom. - Ik lanceerde mijn bedrijf omdat ik meer vrijheid wilde.

- I launched my business because I wanted more freedom. - Ik lanceerde mijn bedrijf omdat ik meer vrijheid wilde.
- I am a freelancer. - Ik ben een freelancer
- I am a freelancer. - Ik ben een freelancer
- The best part of having a business is... - Het beste deel van het hebben van een bedrijf is ...
- The best part of having a business is... - Het beste deel van het hebben van een bedrijf is ...
- The worst part of having a business is... - Het slechtste deel van het hebben van een bedrijf is ...
- The worst part of having a business is... - Het slechtste deel van het hebben van een bedrijf is ...

At the Hairdresser

- Do you have an appointment? - Heb je een afspraak?

- Do you have an appointment? - Heb je een afspraak?
- I want to cut my hair short please. - Ik wil mijn haar kort knippen alsjeblieft.
- I want to cut my hair short please. - Ik wil mijn haar kort knippen alsjeblieft.
- Can you please sit in that salon chair? -Kun je alsjeblieft in die salonstoel zitten?
- Can you please sit in that salon chair? - Kun je alsjeblieft in die salonstoel zitten?
- Can you give me an oil massage, too? - Kun je me ook een oliemassage geven?
- Can you give me an oil massage, too? - Kun je me ook een oliemassage geven?
- How would like your hair cut? - Hoe wilt u uw haar laten knippen?
- How would like your hair cut? - Hoe wilt u uw haar laten knippen?
- What should I do with your bangs? - Wat moet ik doen met je pony?
- What should I do with your bangs? - Wat moet ik doen met je pony?
- How many centimeters would like off? - Hoeveel centimeter wil er af?
- How many centimeters would like off? - Hoeveel centimeter wil er af?

- To get a layered cut - Om een gelaagde snit te krijgen
- To get a layered cut - Om een gelaagde snit te krijgen
- To cut off the split ends - Om de gespleten punten af te snijden
- To cut off the split ends - Om de gespleten punten af te snijden
- I would like bangs. - Ik wil graag een pony.
- I would like bangs. - Ik wil graag een pony.
- I would like natural looking highlights - Ik wil graag natuurlijk uitziende hoogtepunten
- I would like natural looking highlights - Ik wil graag natuurlijk uitziende hoogtepunten
- Cut just a bit off the top. - Snijd een beetje van de bovenkant af.
- Cut just a bit off the top. - Snijd een beetje van de bovenkant af.
- I part my hair on the left - Ik scheid mijn haar aan de linkerkant
- I part my hair on the left - Ik scheid mijn haar aan de linkerkant

Emergency/ Medical

- I need to see a doctor - ik moet een dokter zien
- I need to see a doctor - ik moet een dokter zien
- I don't feel well - Ik voel me niet goed
- I don't feel well - Ik voel me niet goed
- Is there a hospital near here? - Is hier een ziekenhuis in de buurt?
- Is there a hospital near here? - Is hier een ziekenhuis in de buurt?
- Take me to the hospital please - Breng me alsjeblieft naar het ziekenhuis
- Take me to the hospital please - Breng me alsjeblieft naar het ziekenhuis
- It hurts here - Hier doet het pijn
- It hurts here - Hier doet het pijn
- I need some medicine - Ik heb medicijnen nodig
- I need some medicine - Ik heb medicijnen nodig
- I am having trouble with my heart. - Ik heb problemen met mijn hart.

- I am having trouble with my heart. - Ik heb problemen met mijn hart.
- I am having trouble with my breathing. - Ik heb problemen met mijn ademhaling.
- I am having trouble with my breathing. - Ik heb problemen met mijn ademhaling.
- I have been robbed. - Ik ben beroofd.
- I have been robbed. - Ik ben beroofd.
- Call the police. - Bel de politie
- Call the police. - Bel de politie
- Stop! Thief! - Hou op! Dief!
- Stop! Thief! - Hou op! Dief!
- I lost my bag. - Ik ben mijn tas verloren.
- I lost my bag. - Ik ben mijn tas verloren.
- I lost my wallet. - Ik ben mijn portemonnee kwijt.
- I lost my wallet. - Ik ben mijn portemonnee kwijt.
- Can I use your phone? - Mag ik uw telefoon gebruiken?
- Can I use your phone? - Mag ik uw telefoon gebruiken?
- I've been injured. - Ik ben gewond geraakt.
- I've been injured. - Ik ben gewond geraakt.
- Am I under arrest? - Ben ik gearresteerd?

- Am I under arrest? - Ben ik gearresteerd?
- I am an American citizen. - Ik ben een Amerikaans staatsburger.
- I am an American citizen. - Ik ben een Amerikaans staatsburger.
- I want to talk to the American embassy. - Ik wil met de Amerikaanse ambassade praten
- I want to talk to the American embassy. - Ik wil met de Amerikaanse ambassade praten
- I want to talk to a lawyer. - Ik wil met een advocaat praten.
- I want to talk to a lawyer. - Ik wil met een advocaat praten.
- Can I just pay a fine now? - Kan ik nu gewoon een boete betalen?
- Can I just pay a fine now? - Kan ik nu gewoon een boete betalen?
- Where are you taking me? - Waar breng je me heen?
- Where are you taking me? - Waar breng je me heen?
- Where is the closest pharmacy? - Waar is de dichtstbijzijnde apotheek?
- Where is the closest pharmacy? - Waar is de dichtstbijzijnde apotheek?

- Here is a prescription for some tablets. - Hier is een recept voor sommige tabletten
- Here is a prescription for some tablets. - Hier is een recept voor sommige tabletten
- I feel dizzy. - ik voel me duizelig
- I feel dizzy. - ik voel me duizelig
- Can you recommend a dentist? - Kunt u een tandarts aanbevelen?
- Can you recommend a dentist? - Kunt u een tandarts aanbevelen?
- Here is my prescription. - Hier is mijn recept.
- Here is my prescription. - Hier is mijn recept.
- I feel alright now. - Ik voel me nu goed
- I feel alright now. - Ik voel me nu goed
- I need a laxative - Ik heb een laxeermiddel nodig
- I need a laxative - Ik heb een laxeermiddel nodig
- I'm on antibiotics. - Ik gebruik antibiotica.
- I'm on antibiotics. - Ik gebruik antibiotica.
- I've lost a filling -Ik ben een vulling kwijt
- I've lost a filling - Ik ben een vulling kwijt

- Will you accept my medical insurance? - Accepteer je mijn medische verzekering?
- Will you accept my medical insurance? - Accepteer je mijn medische verzekering?
- stay in bed - blijf in bed
- stay in bed - blijf in bed
- Is it serious? - Is het serieus?
- Is it serious? - Is het serieus?
- He's fainted. - Hij is flauwgevallen.
- He's fainted. - Hij is flauwgevallen.
- I do not have a prescription - Ik heb geen recept
- I do not have a prescription - Ik heb geen recept
- My car broke down - Mijn auto viel in panne
- My car broke down - Mijn auto viel in panne
- He got hit by a car - Hij werd geraakt door een auto
- He got hit by a car - Hij werd geraakt door een auto
- They rear-ended me - Ze hebben me achtergesteld
- They rear-ended me - Ze hebben me achtergesteld

- Pull over to the side of the road! - Stop aan de kant van de weg!
- Pull over to the side of the road! - Stop aan de kant van de weg!
- The cars crashed into each other - De auto's botsten tegen elkaar op
- The cars crashed into each other - De auto's botsten tegen elkaar op
- A hit and run driver - Een hit and run driver
- A hit and run driver - Een hit and run driver

School

- What subject is your best? - Welk onderwerp is jouw beste?
- What subject is your best? - Welk onderwerp is jouw beste?
- What subject do you most like? - Welk onderwerp vind je het leukst?
- What subject do you most like? - Welk onderwerp vind je het leukst?
- I am good at Chemistry. - Ik ben goed in scheikunde.

- I am good at Chemistry. - Ik ben goed in scheikunde.
- I am very bad at Physics. - Ik ben erg slecht in natuurkunde.
- I am very bad at Physics. -Ik ben erg slecht in natuurkunde.
- I like Art. - Ik hou van kunst.
- I like Art. - Ik hou van kunst.
- How many pupils are there in your school? - Hoeveel leerlingen zijn er op jouw school?
- How many pupils are there in your school? - Hoeveel leerlingen zijn er op jouw school?
- There are 800 pupils in my school. - Er zijn 800 leerlingen op mijn school.
- There are 800 pupils in my school. - Er zijn 800 leerlingen op mijn school.
- My favorite subject in school is math. - Mijn favoriete vak op school is wiskunde.
- My favorite subject in school is math. - Mijn favoriete vak op school is wiskunde.
- Answer the math problem. - Beantwoord het wiskundeprobleem.
- Answer the math problem. - Beantwoord het wiskundeprobleem.

- I'm taking a class in German and one in mathematics. - Ik volg een cursus Duits en een wiskunde.
- I'm taking a class in German and one in mathematics. - Ik volg een cursus Duits en een wiskunde.
- What page? - Welke pagina?
- What page? - Welke pagina?
- How do you spell...? - Hoe spel je...?
- How do you spell...? -Hoe spel je...?
- I don't have the activity - Ik heb de activiteit niet
- I don't have the activity - Ik heb de activiteit niet
- I don't have the book - Ik heb het boek niet
- I don't have the book - Ik heb het boek niet
-

Understanding Signs

- For sale - Te koop
- For sale - Te koop
- Waiting room - Wachtkamer
- Waiting room - Wachtkamer
- The cash desk - De kassa

- The cash desk - De kassa
- One way - Een manier
- One way - Een manier
- No smoking - Niet roken
- No smoking - Niet roken
- Working days - Werkdagen
- Working days - Werkdagen
- Sundays and public holidays - Zon- en feestdagen
- Sundays and public holidays - Zon- en feestdagen
- Train platform - Perron
- Train platform - Perron
- This is the regional train going to Amsterdam- Dit is de regionale trein naar Amsterdam
- This is the regional train going to Amsterdam- Dit is de regionale trein naar Amsterdam
- Stops at all the stations - Stopt op alle stations
- Stops at all the stations - Stopt op alle stations

Skiing

- I am a beginner - ik ben een beginner
- I am a beginner - ik ben een beginner
- I am an intermediate - Ik ben een intermediair
- I am an intermediate - Ik ben een intermediair
- I am an expert - Ik ben een expert
- I am an expert - Ik ben een expert
- Sorry, I'm still learning - Sorry, ik ben nog aan het leren
- Sorry, I'm still learning - Sorry, ik ben nog aan het leren
- I am lost - ik ben verdwaald
- I am lost - ik ben verdwaald

Day at the Beach

- Take a dip - Een duik nemen
- Take a dip - Een duik nemen
- Squeeze in a nap - Knijp een dutje in
- Squeeze in a nap - Knijp een dutje in
- Build a sandcastle - Bouw een zandkasteel
- Build a sandcastle - Bouw een zandkasteel

- Watch the sunset - Kijk de zonsondergang
- Watch the sunset - Kijk de zonsondergang
- Spend time with friends - Tijd met vrienden doorbrengen
- Spend time with friends - Tijd met vrienden doorbrengen

Talking About the House

- We live on the first floor. - We wonen op de eerste verdieping.
- We live on the first floor. - We wonen op de eerste verdieping.
- The building is very old. -Het gebouw is erg oud.
- The building is very old. - Het gebouw is erg oud.
- There's no elevator. - Er is geen lift.
- There's no elevator. - Er is geen lift.
- We just bought a new house! - We hebben net een nieuw huis gekocht!
- We just bought a new house! - We hebben net een nieuw huis gekocht!

- We just moved to a new house -We zijn net verhuisd naar een nieuw huis
- We just moved to a new house - We zijn net verhuisd naar een nieuw huis
- The house has two bedrooms and one a half baths. - Het huis heeft twee slaapkamers en een half baden.
- The house has two bedrooms and one a half baths. - Het huis heeft twee slaapkamers en een half baden.
- Come on, let me give you a tour. - Kom op, ik zal je een rondleiding geven.
- Come on, let me give you a tour. - Kom op, ik zal je een rondleiding geven.
- This room will be my office! - Deze kamer wordt mijn kantoor!
- This room will be my office! - Deze kamer wordt mijn kantoor!
- The kitchen is my favorite room. - De keuken is mijn favoriete kamer.
- The kitchen is my favorite room. - De keuken is mijn favoriete kamer.
- I spend a lot of time in the garden. - Ik breng veel tijd in de tuin door
- I spend a lot of time in the garden. - Ik breng veel tijd in de tuin door
- We're going to paint next week. - We gaan volgende week schilderen.

- We're going to paint next week. - We gaan volgende week schilderen.
- Let's go to the kitchen. - Laten we naar de keuken gaan.
- Let's go to the kitchen. - Laten we naar de keuken gaan.

www.ingramcontent.com/pod-product-compliance
Lightning Source LLC
Chambersburg PA
CBHW060527080526
44586CB00012B/654